AF275241

COLEX

Disfrute gratuitamente **DURANTE UN AÑO** de los eBook y audiolibros de las obras de Editorial Colex*

- ⊗ Acceda a la página web de la editorial **www.colex.es**

- ⊗ Identifíquese con su usuario y contraseña. En caso de no disponer de una cuenta regístrese.

- ⊗ Acceda en el menú de usuario a la pestaña «Mis códigos» e introduzca el que aparece a continuación:

RASCAR PARA VISUALIZAR EL CÓDIGO

Planes de reestructuración. Paso a paso

- ⊗ Una vez se valide el código, aparecerá una ventana de confirmación y su eBook y/o audiolibro estará disponible **durante 1 año desde su activación** en la pestaña «Mis libros» en el menú de usuario.

---

* Los audiolibros están disponibles en las ediciones más recientes de nuestras obras. Se excluyen expresamente las colecciones «Códigos comentados», «Biblioteca digital» y los productos de www.vademecumlegal.es.

No se admitirá la devolución si el código promocional ha sido manipulado y/o utilizado.

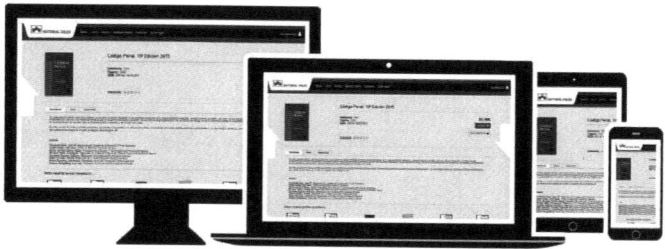

¡Gracias por confiar en nosotros!

La obra que acaba de adquirir incluye de forma gratuita la versión electrónica.
Acceda a nuestra página web para aprovechar todas las funcionalidades de
las que dispone en nuestro lector.

Funcionalidades eBook

**Acceso desde
cualquier dispositivo con
conexión a internet**

**Idéntica visualización
a la edición de papel**

Navegación intuitiva

Tamaño del texto adaptable

Síguenos en:

PLANES DE REESTRUCTURACIÓN

Análisis práctico del nuevo derecho preconcursal
para empresas, empresarios y profesionales

PLANES DE REESTRUCTURACIÓN

Análisis práctico del nuevo derecho preconcursal
para empresas, empresarios y profesionales

3.ª EDICIÓN 2025

Obra realizada por el Departamento de Documentación de Iberley

COLEX 2025

© Editorial Colex, S.L.
Calle Costa Rica, número 5, 3º B (local comercial)
A Coruña, C.P. 15004
info@colex.es
www.colex.es

I.S.B.N.: 979-13-7011-074-1
Depósito legal: C 603-2025

SUMARIO

ANEXOS.
FORMULARIOS

0.
INTRODUCCIÓN AL SISTEMA DE INSOLVENCIA ESPAÑOL TRAS LA LEY 16/2022, DE 5 DE SEPTIEMBRE

¿Qué ha supuesto la Ley 16/2022, de 5 de septiembre, para el sistema de insolvencia español?

La Ley 16/2022, de 5 de septiembre, adoptó las reformas legislativas precisas para la **transposición al derecho español de la Directiva 2019/1023, del Parlamento Europeo y del Consejo, de 20 de junio de 2019**, e introdujo con ello una importante **reforma en el texto refundido de la Ley Concursal, aprobada por el Real Decreto legislativo 1/2020, de 5 de mayo (TRLC)**.

De este modo, se produjo un **cambio integral del sistema de insolvencia español**, dirigido a su flexibilización y agilización, en torno a tres pilares o ejes básicos:

- El favorecimiento de los mecanismos preconcursales para facilitar la reestructuración de empresas viables y la liquidación rápida y ordenada de las que no lo son. El libro segundo del TRLC es el encargado de su regulación.

- La reforma del procedimiento concursal (libro primero del TRLC) y la introducción de un procedimiento de insolvencia único para microempresas (libro tercero del TRLC).

- La configuración de un procedimiento de segunda oportunidad más eficaz.

Con carácter general, la Ley 16/2022, de 5 de septiembre, entró en vigor a los 20 días de su publicación en el BOE, el día 26 de septiembre de 2022, salvo en lo relativo a las siguientes cuestiones:

- El libro tercero, que regula el procedimiento especial para microempresas, que entró en vigor el 1 de enero de 2023, a excepción del artículo 689.2 del TRLC, cuya entrada en vigor se producirá cuando se apruebe el reglamento al que se refiere la disposición transitoria segunda de la Ley 17/2014, de 30 de septiembre.

– La disposición adicional undécima del TRLC, sobre aplazamientos y fraccionamientos de deudas tributarias por la AEAT, en vigor desde el 1 de enero de 2023.

CUESTIÓN

¿Cómo es el régimen transitorio que prevé con carácter general —excluidas las microempresas— la Ley 16/2022, de 5 de septiembre?

De acuerdo con la disposición transitoria primera de la Ley 16/2022, de 5 de septiembre, se regirán por la nueva regulación:

– Las solicitudes de concurso que se presenten a partir de su entrada en vigor, su provisión y la declaración de concurso.

– Las solicitudes de nombramiento de experto para recabar ofertas de adquisición de una o varias unidades productivas que se presenten a partir de su entrada en vigor.

– Los concursos de acreedores voluntarios o necesarios declarados a partir de su entrada en vigor.

– Las comunicaciones de apertura de negociaciones con los acreedores o de la intención de negociarlas que se realicen a partir de su entrada en vigor.

– Los planes de reestructuración que se negocien y las solicitudes de homologación que se presenten a partir de su entrada en vigor.

Ahora bien, los concursos declarados antes de la entrada en vigor de la Ley 16/2022, de 5 de septiembre, se regirán por lo establecido en la legislación anterior a ella; si bien, por excepción, resultará de aplicación a los siguientes aspectos:

– El informe de la administración concursal con el inventario y la relación de acreedores elaborada por el administrador concursal que se presenten después de su entrada en vigor.

– Las acciones rescisorias que se ejerciten después de su entrada en vigor.

– Las propuestas de convenio que se presenten después de su entrada en vigor, las adhesiones de los acreedores, y la tramitación de la propuesta.

– La modificación del convenio que se solicite después de su entrada en vigor.

– La liquidación de la masa activa cuya apertura hubiera tenido lugar tras su entrada en vigor.

– Las solicitudes de exoneración del pasivo que se presenten después de su entrada en vigor.

– El régimen de calificación del concurso cuando la sección sexta hubiera sido abierta o reabierta después de su entrada en vigor.

– Los recursos a interponer contra las resoluciones del juez del concurso dictadas después de su entrada en vigor.

Los concursos consecutivos a un acuerdo de refinanciación o a un acuerdo extrajudicial de pagos que se declaren tras la entrada en vigor de la Ley 16/2022, de 5 de septiembre, se regirán por los artículos 697 a 720 del TRLC en la redacción dada por el Real Decreto legislativo 1/2020, de 5 de mayo.

A continuación, veamos un poco más en detalle en qué consiste cada una de estas novedades y cómo queda el sistema de insolvencia español tras ellas.

El favorecimiento de los mecanismos preconcursales

El **nuevo libro segundo del TRLC** regula el derecho preconcursal en sus artículos 583 a 684, creando con ello un marco de reestructuración preventiva, a fin de asegurar la continuidad de empresas y negocios que son viables, pero que se encuentran en dificultades financieras que pueden amenazar su solvencia y llevarlas al correspondiente concurso.

La figura central de este sistema preconcursal son los **planes de reestructuración**, que se conciben como instrumentos dirigidos a evitar la insolvencia, o a superarla, y que permiten una actuación en un estadio de dificultades previo al de los anteriores instrumentos preconcursales.

La entrada en vigor de este nuevo libro segundo se produce al mismo tiempo que el grueso de la reforma del TRLC (el 26 de septiembre de 2022) y también resultará de aplicación a aquellos planes que se negocien y a las solicitudes de homologación que se presenten a partir de dicha fecha (disposición transitoria primera de la Ley 16/2022, de 5 de septiembre).

> **A TENER EN CUENTA.** Por lo tanto, tras la entrada en vigor del TRLC, se suprimen los acuerdos de refinanciación y los acuerdos extrajudiciales de pagos, que quedan reducidos a un único instrumento: los planes de reestructuración; aunque con algunas adaptaciones para los deudores de menor activo, de menor cifra de negocios o de menor número de trabajadores.

Otra novedad en este ámbito viene marcada por la desaparición del mediador concursal (aunque se mantiene con carácter facultativo para microempresas en el libro tercero) y la **introducción de una nueva figura: el experto en la reestructuración**, que se configura como un profesional que actuará de intermediario, básicamente asistiendo al deudor y a los acreedores en las negociaciones y en la elaboración del plan de reestructuración, así como elaborando los informes que procedan.

Podrán acudir al derecho preconcursal las personas naturales o jurídicas que lleven a cabo una actividad empresarial o profesional, en situación de probabilidad de insolvencia, insolvencia inminente o insolvencia actual, con ciertas exclusiones (por ejemplo, las microempresas no podrán acudir al sistema que regula este libro segundo del TRLC y solo podrán aplicar el procedimiento especial que para ellas contempla el libro tercero del TRLC).

La reforma del procedimiento concursal y la introducción de un procedimiento de insolvencia único para microempresas

La Ley 16/2022, de 5 de septiembre, introdujo asimismo **importantes modificaciones en el libro primero del TRLC**, que comprende los artículos 1 a 582 de la norma y contiene la regulación básica referida al concurso.

Entre otros cambios, cabría destacar la **regulación expresa del concurso sin masa** (artículos 37 bis a 37 quinquies del TRLC) **y del «pre-pack» concursal** (artículo 224 bis del TRLC), así como ciertos **cambios en el estatuto de los administradores concursales y en la regulación del convenio.**

Igualmente, la reforma introdujo la **competencia de los jueces de lo mercantil para declarar y tramitar el concurso incluso en el caso de personas naturales no empresarios** (artículo 44 del TRLC); y fue acompañada por una modificación de la LOPJ, realizada a través de la Ley Orgánica 7/2022, de 27 de julio, para mejorar el reparto competencial establecido para los juzgados de lo mercantil y las secciones especializadas de las audiencias provinciales y, correlativamente, el de los juzgados de primera instancia y el de las demás secciones de las audiencias provinciales.

Por lo demás y como novedad especialmente destacada, la Ley 16/2022, de 5 de septiembre, incorpora un **nuevo procedimiento de insolvencia único y especial para las microempresas**, de aplicación obligatoria para estas. Por medio de él, se busca encauzar tanto las situaciones concursales como preconcursales que afectan a estos sujetos, estando prevista su entrada en vigor para el 1 de enero de 2023, salvo el apartado 2 del artículo 689 del TRLC, que entrará en vigor cuando se apruebe el correspondiente reglamento.

La configuración de un procedimiento de segunda oportunidad más eficaz

A pesar de que el mecanismo de la **segunda oportunidad o exoneración del pasivo insatisfecho** se encuentra regulado dentro del libro primero del TRLC (**artículos 486 y siguientes**), lo cierto es que goza de la suficiente entidad y relevancia como para ser tratado de manera independiente, separada del resto de novedades que la reforma concursal de 2022 introdujo en materia de concurso de acreedores.

No en vano, con las modificaciones introducidas se busca que el procedimiento de segunda oportunidad sea más eficaz, **ampliando la relación de deudas exonerables** e introduciendo la posibilidad de que **se lleve a cabo con sujeción a un plan de pagos y sin liquidación previa del patrimonio del deudor**.

Podrá acceder a él el deudor persona natural, sea o no empresario, y que cumpla con el estándar de buena fe en que la figura se asienta. Por tanto, también podrán acceder a la exoneración del pasivo insatisfecho las personas físicas que tengan la condición de microempresa en los términos en que la define el TRLC (artículo 700 y 715 del TRLC).

CUESTIÓN

¿Las microempresas podrán acudir al concurso o al preconcurso que regulan los libros primero y segundo del TRLC?

No, las microempresas solo podrán acceder al procedimiento especial que para ellas regula el libro tercero del TRLC.

Ahora bien, las personas físicas que tengan la condición de microempresa en los términos que define el libro tercero del TRLC, además de acceder a este procedimiento especial también podrán solicitar, en su caso, la exoneración del pasivo insatisfecho conforme al libro primero del TRLC (artículos 700 y 715 del TRLC).

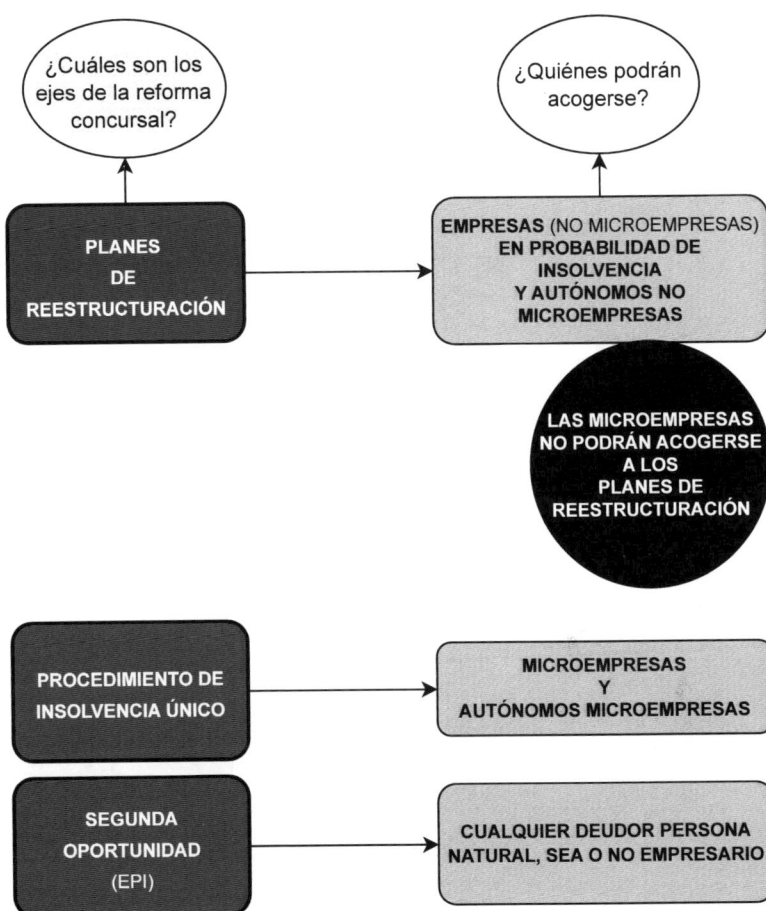

EJES DE LA REFORMA CONCURSAL OPERADA POR LA LEY 16/2022, DE 5 DE SEPTIEMBRE

¿Cuáles son los ejes de la reforma concursal?

¿Quiénes podrán acogerse?

PLANES DE REESTRUCTURACIÓN

EMPRESAS (NO MICROEMPRESAS) **EN PROBABILIDAD DE INSOLVENCIA Y AUTÓNOMOS NO MICROEMPRESAS**

LAS MICROEMPRESAS NO PODRÁN ACOGERSE A LOS PLANES DE REESTRUCTURACIÓN

PROCEDIMIENTO DE INSOLVENCIA ÚNICO

MICROEMPRESAS Y AUTÓNOMOS MICROEMPRESAS

SEGUNDA OPORTUNIDAD (EPI)

CUALQUIER DEUDOR PERSONA NATURAL, SEA O NO EMPRESARIO

LAS MICROEMPRESAS NO PODRÁN ACUDIR AL PLAN DE REESTRUCTURACIÓN NI AL CONCURSO: SOLO AL PROCEDIMIENTO DE INSOLVENCIA ÚNICO (libro tercero del TRLC)

LAS PERSONAS FÍSICAS MICROEMPRESAS PODRÁN ACUDIR AL PROCEDIMIENTO DE INSOLVENCIA ÚNICO Y AL DE SEGUNDA OPORTUNIDAD

LAS PERSONAS FÍSICAS NO MICROEMPRESAS PODRÁN ACUDIR AL PLAN DE REESTRUCTURACIÓN, AL CONCURSO Y AL PROCEDIMIENTO DE SEGUNDA OPORTUNIDAD

1.
EL NUEVO DERECHO PRECONCURSAL

El sistema preconcursal tras la Ley 16/2022, de 5 de septiembre

La Ley 16/2022, de 5 de septiembre, supuso la introducción de un **nuevo libro II en el TRLC**, dedicado al derecho preconcursal. El nuevo **sistema preconcursal** se regula en los **artículos 583 a 684** del Texto Refundido de la Ley Concursal (TRLC), en vigor desde el 26 de septiembre de 2022.

Se configura como un **sistema más flexible**, dirigido a evitar la insolvencia o a superarla, con características que pretenden incrementar su eficacia.

Cualquier persona natural o jurídica que lleve a cabo una actividad empresarial o profesional podrá efectuar la **comunicación de apertura de negociaciones** con los acreedores o solicitar **directamente la homologación de un plan de reestructuración**.

A TENER EN CUENTA. La disposición adicional 9.ª del TRLC establece que las referencias normativas a los acuerdos de refinanciación y, en su caso, a los acuerdos extrajudiciales de pagos, han de entenderse realizadas a los planes de reestructuración regulados en el libro segundo, ya que ambas figuras desaparecen.

Cabe acudir a la comunicación de apertura de negociaciones o la homologación de un plan de reestructuración **cuando el deudor se encuentre en probabilidad de insolvencia, insolvencia inminente o insolvencia actual**. Así, un deudor que tenga probabilidad de insolvencia no puede ser sujeto de un concurso de acreedores, pero puede utilizar los mecanismos que integran el derecho preconcursal. De igual forma, aquellos deudores en situación de insolvencia actual o inminente también podrán acudir a estos mecanismos preconcursales.

En este sentido, la reforma define como **probabilidad de insolvencia** aquella situación donde sea objetivamente previsible que, de no alcanzarse un plan de reestructuración, **el deudor no podrá cumplir regularmente sus obligaciones que venzan en los próximos dos años**. Se considera **insolvencia inminente** cuando el deudor prevea que, dentro de los **tres meses siguien-**

tes, no podrá cumplir regular y puntualmente sus obligaciones. Y, por último, se entiende por **insolvencia actual** cuando el **deudor no puede cumplir regularmente sus obligaciones exigibles**.

Debemos señalar que **los autónomos que no sean microempresas pueden acudir** a este procedimiento.

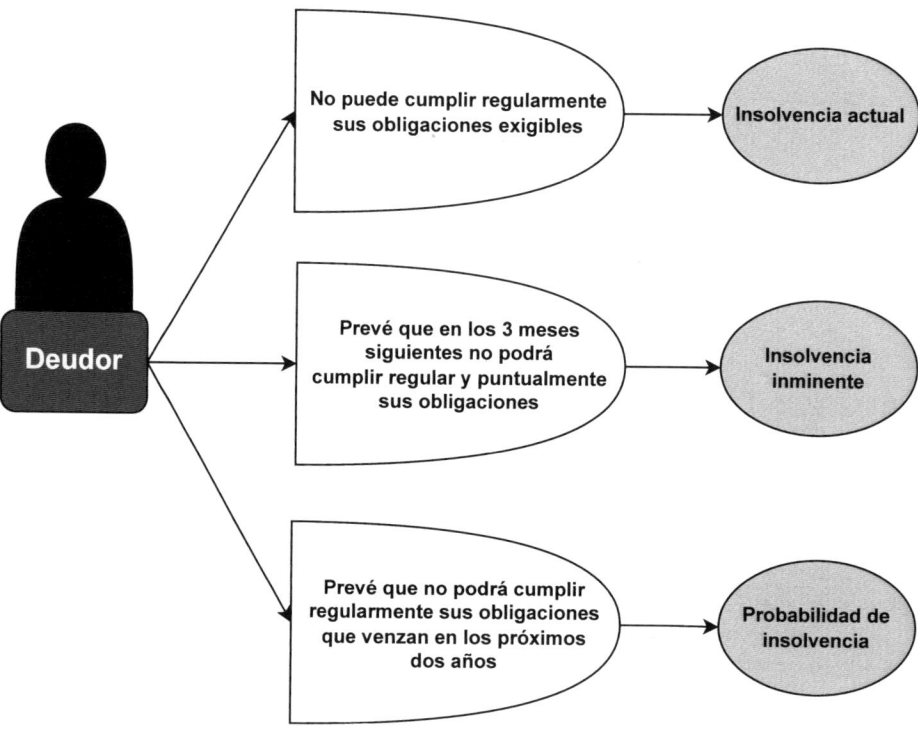

Sin embargo, según el artículo 583 del TRLC **no podrán acudir al procedimiento preconcursal**:

- – Entidades de seguro y reaseguro.
- – Entidades de crédito o de inversión u organismos de inversión colectiva.
- – Entidades de contrapartida central.
- – Depositarios centrales de valores.
- – Otras entidades y entes financieros.
- – Microempresas, que se regirán exclusivamente por el libro tercero: procedimiento especial único.
- – Organismos públicos.

2.
EL EXPERTO EN REESTRUCTURACIÓN

La nueva figura del experto en reestructuración

La Ley 16/2022, de 5 de septiembre, modifica el derecho preconcursal. Así, desde dicha reforma, cualquier **persona natural o jurídica que lleve a cabo una actividad empresarial o profesional** podrá efectuar la **comunicación de apertura de negociaciones con los acreedores** o solicitar directamente la **homologación de un plan de reestructuración** (el artículo 583 del TRLC excluye a determinado tipo de entidades y a los organismos públicos). Cabe acudir a la comunicación de apertura de negociaciones o la homologación de un plan de reestructuración **cuando el deudor se encuentre en probabilidad de insolvencia, insolvencia inminente o insolvencia actual**.

En este nuevo marco jurídico surge la figura del experto en reestructuración. Paralelamente, desaparece el mediador concursal en el derecho preconcursal (aunque se mantiene dicha figura para microempresas en el libro III). El experto en reestructuración se configura como un profesional que actuará como un intermediario, asistirá al deudor y a los acreedores en las negociaciones y, en la elaboración del plan de reestructuración, elaborará y presentará al juez los informes exigidos por el TRLC y aquellos otros que el juez considere necesarios o convenientes.

Esta figura se regula a lo largo de los artículos 672 a 681 del TRLC.

2.1. Requisitos, funciones, incompatibilidades, prohibiciones y responsabilidad del experto en reestructuración

El estatuto del experto en reestructuración

El experto en reestructuración será, tal y como exige el artículo 674 del TRLC, una **persona natural o jurídica**, española o extranjera, **que tenga los conocimientos especializados, jurídicos, financieros y empresariales**, así como, **experiencia en materia de reestructuraciones o** que **acredite cumplir los requisitos para ser administrador concursal.**

En el caso de que **la reestructuración que se pretende conseguir tuviera particularidades**, ya sea por el sector o por las dimensiones o complejidad, o bien sea por la existencia de elementos transfronterizos, estas particularidades **deberán ser tenidas en cuenta para el nombramiento del experto.** De forma paralela a lo que se estipula en el TRLC sobre el administrador concursal, el juez deberá tener en cuenta estas circunstancias y comprobar que la persona propuesta cumple con los requisitos de idoneidad para ser nombrado experto en reestructuración en cada caso.

Como **funciones del experto en reestructuración**, el artículo 679 del TRLC regula que el experto **asistirá al deudor y a los acreedores** en las negociaciones y en la elaboración del plan de reestructuración y, además, **elaborará y presentará** al juez los **informes,** tanto los exigidos por el TRLC como aquellos que el juez considere necesarios o convenientes.

Como **deberes del experto en reestructuración**, el TRLC, en su artículo 680, recoge que el experto ejercerá las funciones propias del cargo con la **diligencia** propia de un **profesional especializado** en reestructuraciones y con **independencia e imparcialidad** tanto respecto del deudor como de los acreedores.

Por lo que se refiere a su **responsabilidad civil**, el experto en reestructuración responderá por los **daños y perjuicios causados tanto al deudor como a los acreedores por infracción de los deberes de diligencia, independencia e imparcialidad.** Por ello, debe tener suscrito un **seguro de responsabilidad civil o garantía equivalente,** tal y como exige el artículo 681 del TRLC. Si el experto fuese **persona jurídica, la exigencia de suscripción del seguro o garantía equivalente recaerá sobre esta, y no** sobre la **persona que la represente.**

En cuanto al **régimen de incompatibilidades y prohibiciones**, el artículo 675 del TRLC establece que no podrán ser propuestos ni nombrados **expertos en la reestructuración y,** en caso de ser nombrados, **no podrán aceptar el cargo:**

- Quienes hayan **prestado servicios profesionales relacionados con la reestructuración al deudor o a personas especialmente relacionadas** con esta en los **últimos dos años,** salvo que se prestaran como consecuencia de haber sido nombrado experto en una reestructuración previa.

- Quienes se encuentren en alguna de las situaciones de **incompatibilidad** previstas en la legislación en **materia de auditoría de cuentas** en relación con el deudor o las personas especialmente relacionadas con esta.

Es decir, que tanto quien proponga al experto como el juez para nombrarlo deberán comprobar que no incurre en causa de incompatibilidad ni prohibición. De igual forma, el experto deberá de autorrecusarse si se da alguna de las circunstancias señaladas.

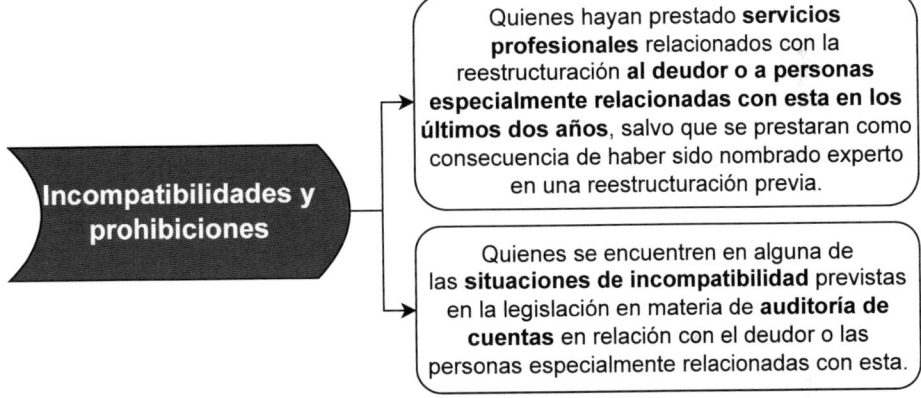

CUESTIÓN

¿Podrá ser nombrado administrador concursal quien haya sido el experto en reestructuración en el procedimiento preconcursal?

No. No podrá ser nombrado administrador concursal quien en la negociación de un plan de reestructuración hubiera sido nombrado experto en la reestructuración (artículo 65.4 del TRLC).

2.2. Nombramiento del experto

¿Cómo se nombrará el experto en la reestructuración?

El experto en reestructuración será nombrado por el juez, mediante auto, en el plazo máximo de dos días desde la solicitud.

El **nombramiento** del experto en reestructuración será obligatorio, de conformidad con el artículo 672.1 del TRLC, cuando:

– Lo **solicite el deudor**.

– Lo **soliciten acreedores que representen más del 50 %** del pasivo que pudiera quedar afectado por el plan de reestructuración. En este caso, los acreedores, o algunos de ellos, deberán asumir la obligación de satisfacer la retribución del experto. La asunción de la obligación de pago quedará sin efecto si en el plan de reestructuración homologado por el juez se previera expresamente que la retribución del experto fuera a cargo del deudor.

– El **juez considere** que el nombramiento es **necesario** para salvaguardar el interés de los posibles afectados por la suspensión, en el caso de que se hubiese solicitado por el deudor la suspensión general de ejecuciones singulares o la prórroga de esa suspensión.

– El deudor o cualquier legitimado **solicite la homologación judicial de un plan de reestructuración cuyos efectos se extiendan a una clase de acreedores o a socios que no hubieran votado a favor del plan**.

De forma **excepcional**, tal y como regula el artículo 673 del TRLC, los **acreedores que representen, al menos, el 35 % del pasivo** que pueda quedar afectado por el plan podrán solicitarlo justificando la necesidad. Los acreedores, o uno de ellos, deberán asumir el compromiso de pago de la retribución del experto, salvo que en el plan que se apruebe se prevea expresamente que será a cargo del deudor. En este caso, el juez dará traslado al deudor de la solicitud de los acreedores, quien en el plazo de 2 días podrá oponerse al nombramiento razonando que no es necesario o que el experto propuesto no reúne las condiciones para el ejercicio del cargo. De igual forma, el deudor podrá solicitar el nombramiento de un experto distinto, debiendo asumir expresamente la obligación de satisfacer la retribución del que proponga.

La **solicitud** de nombramiento deberá ir **acompañada,** según exige el artículo 672.2 del TRLC, de:

– **Escrito** razonado conforme el **experto reúne los requisitos para el cargo.**

– **Copia del seguro de responsabilidad civil o garantía** suscrito por el experto en reestructuraciones.

– **Aceptación del cargo por el experto,** para el caso de que se le nombre, junto con la aceptación del **importe y los plazos de devengo de la retribución pactada.**

Tal y como configura el artículo 676 del TRLC, el **nombramiento** del experto en reestructuración **deberá recaer en la persona que,** reuniendo los requisitos, **hubiera propuesto el deudor o los acreedores** que hubieran formulado la solicitud. **Si el propuesto no reúne las condiciones** establecidas, el juez dará **dos días al proponente para que presente terna de posibles expertos entre los que efectuará el nombramiento,** siempre que reúnan esas condiciones.

2.3. Aceptación e impugnación del nombramiento y sustitución del experto en reestructuración

Aceptación del nombramiento como experto en reestructuración

Si el **experto en reestructuración fuese el propuesto**, la **aceptación del cargo la debe hacer previamente**, pues la misma ha de **acompañar al escrito de solicitud** de nombramiento, tal y como exige el artículo 672.2 del TRLC.

En los casos en los que el **nombramiento judicial del experto recaiga en alguno de los que figuren en la terna**, el **juzgado comunicará al experto el nombramiento** de la forma más rápida posible. El **experto deberá comparecer en el juzgado en los dos días siguientes** a la comunicación del nombramiento, y **aceptar o rechazar el cargo**. En la comparecencia, para el caso de aceptación, deberá **aportar copia del documento en el que conste la retribución pactada y de la póliza de seguro de responsabilidad civil o garantía** equivalente que tuviere vigente. La **aceptación es voluntaria**, por lo que, si el **nombrado no aceptara o no compareciera, el juez procederá de inmediato a nuevo nombramiento**, sin que esta circunstancia tenga consecuencia alguna para el experto inicialmente designado.

Impugnación del nombramiento como experto en reestructuración

Se regula en el artículo 677 del TRLC. Así, quien acredite **interés legítimo podrá impugnar** el nombramiento del experto en reestructuración bien porque considere que el mismo **no cumple los requisitos o** está **incurso en causa de incompatibilidad o prohibición**, o bien, porque carezca de **seguro de responsabilidad civil o garantía** equivalente suficiente. Dicha impugnación se tramitará por los cauces del **incidente concursal**.

Sustitución del experto en reestructuración

El artículo 678 del TRLC establece que los **acreedores** que representen **más del 50 % del pasivo** que pudieran quedar afectados por el plan de reestructuración, **podrán solicitar la sustitución del experto** en reestructuración, cuando este fuese **nombrado a petición del deudor o de una minoría de acreedores**. Con la solicitud, deberán aportar la misma documentación que para proponer el nombramiento de experto, junto con el compromiso expreso de los acreedores, o de algunos de ellos, de satisfacer la retribución del experto (sin perjuicio de que el plan que se homologue al final prevea expresamente su abono por el deudor). El **juez resolverá** la solicitud de susti-tución **mediante auto que podrá ser impugnado de la misma forma que el nombramiento del experto.**

A TENER EN CUENTA. Lo expuesto en este apartado se refiere a la figura del experto en reestructuración en el derecho preconcursal, en el marco del libro segundo del TRLC.

CUESTIONES

1. ¿Dónde se presenta la solicitud de nombramiento del experto en reestructuración?

La solicitud debe presentarse ante **el juez** que le correspondería, en su caso, co-nocer **del concurso de acreedores** y, por ende, la comunicación de apertura de negociación con los acreedores o de la homologación del plan de reestructuración.

2. ¿Cómo se calcularán los honorarios del experto en reestructuraciones?

La retribución del experto en reestructuración será pactada con el proponente, deudor o acreedores, en su caso. Esto se desprende del artículo 672 del TRLC, que prevé que, junto con la solicitud de nombramiento, entre otros documentos, debe aportarse la aceptación del cargo por el experto para el caso de que se le nombre, junto con la aceptación del importe y los plazos de devengo de la retribución pac-tada. Igualmente, en el artículo 676 del TRLC, para el caso de que el propuesto no reuniese los requisitos y hubiese de nombrarlo el juez de una terna de los propues-tos, se requerirá al experto para aceptar o rechazar el cargo, debiendo aportar copia del documento en el que conste la retribución pactada.

3.
LA COMUNICACIÓN DE APERTURA DE NEGOCIACIONES CON ACREEDORES

¿Cómo regula el TRLC la comunicación de apertura de negociaciones con los acreedores?

El deudor, ya sea persona natural o jurídica, que se encuentre en situación de insolvencia actual, insolvencia inminente o probabilidad de insolvencia, **podrá comunicar** al juzgado **la existencia de negociaciones con los acreedores, o la intención de iniciarlas de inmediato, para alcanzar un plan de reestructuración** que permita superar la situación en que se encuentra. En el caso de **deudor en insolvencia actual,** podrá hacerlo **siempre y cuando no** se haya admitido a trámite solicitud de declaración de **concurso necesario.**

Tal y como bien resume el **auto del Juzgado de lo Mercantil n.° 7 de Barcelona n.° 601/2023, de 6 de octubre, ECLI:ES:JMB:2023:3994A:**

> «En fecha 26 de septiembre de 2022 entró en vigor la Ley 16/2022, de 5 de septiembre, de reforma del texto refundido de la Ley Concursal.
> El Libro II, Título II, regula la comunicación de la apertura de negociaciones con los acreedores para alcanzar un plan de reestructuración, debiendo dicha comunicación cumplir el presupuesto subjetivo y presupuesto objetivo, señalados en los artículos 583 y 584, así como el contenido reseñado en el art.586, todos ellos del texto refundido de la Ley Concursal.
> El artículo 583.2 relaciona los deudores que no quedan comprendidos en el presupuesto subjetivo del apartado 1 de dicho precepto, encontrándose entre los relacionados aquellos deudores incluidos en el ámbito de aplicación del libro tercero que se sujetarán exclusivamente a las disposiciones de ese libro.
> Por su parte, el libro tercero del TRLC, que entró en vigor el pasado 1 de enero de 2023, regula en sus artículos 685 a 720 un procedimiento de insolvencia especial para las microempresas».

CUESTIÓN

Un deudor persona física, que no lleva a cabo actividad profesional o empresarial alguna, ¿puede comunicar la apertura de negociaciones con los acreedores?

No, tal y como nos recuerda el auto del Juzgado de lo Mercantil n.º 1 de Barcelona n.º 684/2023, de 26 de septiembre, ECLI:ES:JMB:2023:2719A, en el art. 583 del TRLC se regula el presupuesto subjetivo del preconcurso, y se dispone, en su apartado primero, que: «Cualquier persona natural o jurídica que lleve a cabo una actividad empresarial o profesional podrá efectuar la comunicación de apertura de negociaciones con los acreedores o solicitar directamente la homologación de un plan de reestructuración de conformidad con lo previsto en este libro». En consecuencia, tal y como señala el mentado auto, cuando el deudor no cumple este requisito subjetivo no podría efectuar la comunicación de apertura de negociaciones.

El **juzgado competente será aquel al que le correspondería conocer del concurso**. Dicho juzgado conocerá, con carácter exclusivo y excluyente, de (artículo 593 del TRLC):

- La comunicación de la apertura de las negociaciones con los acreedores.
- Los efectos de la comunicación que requieran decisión judicial.
- La prórroga de los efectos de la comunicación.
- Las impugnaciones de las decisiones judiciales sobre esas materias.

A TENER EN CUENTA. Por la publicación en el BOE del 06/11/2024 del Real Decreto-ley 6/2024, de 5 de noviembre, por el que se adoptan medidas urgentes de respuesta ante los daños causados por la Depresión Aislada en Niveles Altos (DANA) en diferentes municipios entre el 28 de octubre y el 4 de noviembre de 2024 (con entrada en vigor el 07/11/2024), a través de una disposición adicional undécima se establece **la dispensa temporal de la obligación de solicitar la declaración de concurso de acreedores a aquellas personas físicas o jurídicas que se encuentren en estado de insolvencia, mientras estén en suspenso los plazos procesales,** del 30/10/2024 al 10/11/2024; salvo prórrogas posteriores.

Una **prórroga posterior** ha tenido lugar con la publicación de un nuevo Real Decreto-ley 8/2024, de 28 de noviembre, por el que se adoptan medidas urgentes complementarias en el marco del Plan de respuesta inmediata, reconstrucción y relanzamiento frente a los daños causados por la Depresión Aislada en Niveles Altos (DANA) en diferentes municipios entre el 28 de octubre y el 4 de noviembre de 2024, a través del cual se establece en su artículo 34:

«**Hasta el 31 de diciembre de 2025,** el deudor que se encuentre en estado de insolvencia actual, y cuyo domicilio se encuentre en alguno de los municipios del anexo del Real Decreto-ley 6/2024, de 5 de noviembre, no tendrá el deber de solicitar la declaración de concurso o la apertura de procedimiento especial para microempresas. Hasta el 1 de marzo de 2026, los jueces no admitirán a trámite las solicitudes de concurso necesario que se hubieran presentado durante ese estado de insolvencia o que se presenten hasta dicha fecha. Si se hubiera presentado solicitud de concurso voluntario, éste se admitirá a trámite, con preferencia, aunque fuera de fecha posterior.

Tampoco tendrá el deber de solicitar la declaración de concurso, **hasta el 31 de diciembre de 2025**, el deudor cuyo domicilio se encuentre en alguno de los municipios del anexo del Real Decreto-ley 6/2024, de 5 de noviembre, que hubiera presentado al juzgado de lo mercantil competente para la declaración de concurso la comunicación de la apertura de negociaciones con los acreedores para alcanzar un plan de restructuración o de continuación o solicitado la homologación de un plan de reestructuración, aunque hubiera vencido el plazo a que se refiere el artículo 611 del texto refundido de la Ley Concursal, aprobado por Real Decreto Legislativo 1/2020, de 5 de mayo».

3.1. Contenido de la comunicación

¿Qué contenido deberá tener la comunicación de apertura de negociaciones con los acreedores?

La comunicación de la apertura de negociaciones con los acreedores, o la intención de abrirlas de forma inmediata, se debe realizar a través de la sede judicial electrónica o por medios telemáticos o electrónicos, excepto en el caso de personas no obligadas a comunicarse con la Administración de Justicia por medios electrónicos.

El artículo 586 del TRLC regula el contenido que debe tener la comunicación. Así, el deudor deberá:

- Señalar las **razones** que justifican la **comunicación**, indicando el **tipo de insolvencia en que se encuentra**.

- Indicar en qué basa la **competencia del juzgado**.

- Incluir la **relación de los acreedores con los que se haya iniciado o tenga intención de iniciar negociaciones, el importe de los créditos de cada uno de ellos y el importe total de los créditos**, señalando los acreedores que tengan especial relación con el deudor. En los créditos de derecho público, deberá figurar la fecha de devengo de los mismos.

- Identificar cualquier **circunstancia que pueda afectar al desarrollo o al buen fin de las negociaciones**.

- Especificar la **actividad o actividades que desarrolle**, el importe del **activo y del pasivo**, la **cifra de negocios** y el **número de trabajadores** al cierre del ejercicio inmediatamente anterior.

– Señalar los **bienes o derechos que se consideren necesarios para la continuidad de su actividad** empresarial o profesional. Así, como, los **contratos necesarios** para la continuidad de su actividad. En el caso de que se siguieran **ejecuciones contra los bienes que el deudor considere necesarios** para la continuidad de la actividad, **debe identificar, en la propia comunicación, cada una** de las que se encuentren en tramitación.

– En su caso, **solicitar el nombramiento de experto en la reestructuración.**

– De igual forma, podrá solicitar que la **comunicación tenga el carácter de reservado,** en cuyo caso no se publicará la comunicación en el Registro Público Concursal (RCP). En cualquier momento puede el deudor solicitar que la comunicación deje de ser reservada.

– Por último, si se pretende incluir en el plan de reestructuración un crédito público, debe acreditar que **está al corriente de las obligaciones tributarias y con la Seguridad Social.**

Para **deudores con hasta 49 trabajadores y volumen de negocios o balance hasta 10.000.000 de euros, debe especificar que concurren las circunstancias para aplicar reglas especiales contenidas en los artículos 682 a 684 del TRLC,** si no lo hace, la comunicación quedará sin efecto y la persona natural o jurídica que la hubiera realizado no podrá efectuar otra nueva hasta que transcurra un año de la anterior.

En cualquier momento, **durante la vigencia de la comunicación,** el deudor puede ampliar o reducir los **acreedores** con los que negocia o los **créditos.**

A TENER EN CUENTA. Cuando se establezca algún porcentaje del pasivo para el ejercicio de determinados derechos o facultades, este se calculará sobre la base de los datos más recientes comunicados al juzgado, salvo que el interesado acredite otra cosa, tal y como recoge el artículo 586.4 del TRLC.

Formulada la comunicación, **no podrá presentarse otra por el mismo deudor en el plazo de un año, a contar desde la presentación.**

Si la solicitud no tiene defectos, y previa comprobación de la competencia del juzgado, el LAJ, en el plazo máximo de 2 días, tendrá por realizada la comunicación mediante decreto con efectos desde su solicitud. Si la solicitud tuviese defectos, el juzgado dará un plazo de 2 días para subsanarla. Si no se subsana, se tendrá por no efectuada la comunicación.

El decreto de apertura se dictará sin necesidad de que el deudor acredite el estado de insolvencia que hubiera alegado. No obstante, si a la fecha de la comunicación, se hubiera admitido a trámite solicitud de declaración de concurso necesario del deudor, la comunicación no producirá ningún efecto hasta que se resuelva esta solicitud.

La **resolución que tenga por efectuada la comunicación se publicará en el RPC, salvo** que el deudor hubiera solicitado que se mantuviera reservada.

Cualquier acreedor podrá interponer recurso de revisión contra la resolución, en el plazo de 5 días desde la inscripción en el registro público concursal o, en el caso de ejecuciones de tramitación, desde la notificación de la resolución por la que la autoridad judicial que estuviera conociendo de la ejecución la suspenda, por los siguientes motivos:

- Que el deudor hubiese presentado una comunicación dentro del año anterior.

- Que los bienes o derechos contra los que se siguen ejecuciones o frente a los que se pretende iniciarlas no son necesarios para la continuidad de la actividad empresarial o profesional del deudor.

- Que los efectos de la comunicación no deben extenderse a determinadas garantías otorgadas por terceros.

De igual forma, cualquier acreedor podrá formular declinatoria por falta de competencia internacional o territorial en el plazo de diez días, a contar desde la publicación en el RPC o, en el caso de que tuviera carácter reservado, desde el momento en que hubiere tenido conocimiento de esa comunicación.

CUESTIONES

1. ¿Se podrán presentar comunicaciones conjuntas de apertura de negociaciones con acreedores?

Sí, las personas que pueden solicitar la declaración conjunta de los respectivos concursos de acreedores podrán realizar una comunicación conjunta (artículo 587.1 del TRLC).

2. ¿Qué juzgado será competente para conocer de la comunicación conjunta de apertura de negociaciones con acreedores en el marco del derecho preconcursal?

La competencia corresponderá al juzgado del lugar donde tenga el centro de intereses principales el deudor con mayor pasivo. Si se trata de un grupo de sociedades, el de la sociedad dominante, pero si esta no estuviese incluida en la comunicación conjunta, será el que corresponda a la sociedad de mayor pasivo (artículo 587.3 del TRLC).

3. ¿Qué debe contener la resolución sobre la comunicación que dicte el LAJ?

La resolución debe indicar:

- La identidad del deudor o deudores que hubiesen realizado la comunicación.

- Los motivos en los que se funde la competencia internacional y territorial del juzgado, y especificar si esta se basa en la localización del centro de los intereses principales o de un establecimiento del deudor.

- La fecha de la comunicación, y también la de la resolución que la tiene por efectuada o no efectuada.

- El importe del pasivo total.

- La identidad del experto en reestructuración, en caso de que se hubiera nombrado.

3.2. Efectos generales de la comunicación

¿Qué efectos tiene la comunicación de apertura de las negociaciones con los acreedores?

Los efectos de la comunicación se encuentran regulados en los artículos 594 y siguientes del TRLC.

Como regla general, **la comunicación no tendrá efecto alguno sobre las facultades de administración y disposición sobre los bienes y derechos que integren el patrimonio del deudor. Tampoco** tendrá efectos sobre dichas facultades **el nombramiento de un experto en reestructuración.**

La **duración de los efectos** de la comunicación será de **3 meses.** Aunque existe la posibilidad de solicitar prórroga de los efectos.

Respecto de los **créditos a plazo,** la comunicación **no** producirá el **vencimiento anticipado de los créditos.** Serán **ineficaces las cláusulas** que prevean la **modificación** de los términos o condiciones del **crédito por causa de la comunicación, por la solicitud de suspensión** de acciones y procedimientos ejecutivos o por otras causas **análogas o vinculadas.**

La comunicación **no impedirá que el acreedor que disponga de garantía personal o real de un tercero para la satisfacción de su crédito pueda hacerla efectiva si el crédito garantizado hubiese vencido.** Como **excepción,** la comunicación **suspenderá la ejecución de las garantías** personales o reales **prestadas por cualquier otra sociedad del grupo no incluida en la comunicación** cuando así lo haya **solicitado la sociedad deudora acreditando que la ejecución de la garantía pueda causar la insolvencia** del garante y de la propia deudora.

Por lo que se refiere a los **contratos,** rige el **principio general de vigencia de los contratos.** Así, la comunicación **no afectará a los contratos con obligaciones recíprocas pendientes de cumplimiento.** De igual forma, se tendrán por no puestas las cláusulas contractuales que prevean la suspensión, modificación, resolución o terminación anticipada del contrato por la presentación o admisión de la solicitud de comunicación, por la solicitud de suspensión de acciones y procedimientos ejecutivos u otras causas análogas o vinculadas. No obstante, se **podrán suspender, modificar, resolver o terminar** anticipadamente **contratos con obligaciones recíprocas pendientes de cumplimiento por circunstancias distintas de las mencionadas.** Como excepción, por incumplimientos anteriores a la comunicación, no se podrán suspender, modificar, resolver o terminar anticipadamente contratos cuando se trate de contratos necesarios para la continuidad de la actividad mientras se mantengan los efectos de la comunicación sobre las acciones y los procedimientos ejecutivos.

CUESTIÓN

¿Qué puede hacer la parte afectada por la suspensión de los contratos con obligaciones recíprocas pendientes de cumplimiento?

Si considera que su contrato no es necesario para la continuidad de la actividad empresarial o profesional del deudor puede interponer recurso de revisión.

En ningún caso se podrán vencer anticipadamente, resolver o terminar los contratos de suministro de bienes, servicios o energía necesarios para la continuidad de la actividad empresarial o profesional del deudor, a menos que tales contratos se hubieran negociado en mercados organizados de modo que puedan ser sustituidos en cualquier momento por su valor de mercado.

Se establece la **prohibición legal de iniciación de ejecuciones**, los acreedores no podrán iniciar ejecuciones judiciales o extrajudiciales **sobre bienes o derechos necesarios para la continuidad de la actividad** empresarial o profesional del deudor hasta que transcurran 3 meses desde la presentación de la comunicación.

Otro de los efectos de la comunicación es la **suspensión legal de las ejecuciones sobre bienes o derechos necesarios para la continuidad de la actividad** del deudor **en tramitación** desde que los juzgados que estuviesen conociendo de las ejecuciones recibiesen la comunicación.

A solicitud del deudor, presentada en cualquier momento, **el juez podrá extender la prohibición de iniciación de ejecuciones** o la **suspensión de las ya iniciadas** sobre todos o algunos de los demás **bienes o derechos distintos a los necesarios para la continuidad de la actividad** del deudor. En caso de que se hubiese nombrado experto en reestructuraciones, deberá acompañarse informe favorable del mismo. El juez resolverá mediante auto que, si resulta favorable a la suspensión, se inscribirá en el RCP.

Por su parte, **los titulares de derechos reales de garantía podrán iniciar ejecuciones** sobre los bienes o derechos gravados. **Si la garantía recayera sobre bienes o derechos necesarios para la continuidad de la actividad** empresarial o profesional del deudor, una vez iniciado el **procedimiento de ejecución, se suspenderá por el juez** que esté conociendo del mismo. Cuando la ejecución sea extrajudicial, la suspensión la ordenará el juez ante el que se haya presentado la comunicación.

Estos **efectos suspensivos no serán de aplicación a los procedimientos de ejecución de los acreedores públicos.** En este caso, si la ejecución recayera sobre bienes o derechos necesarios para la continuidad de la actividad del deudor, una vez iniciado el procedimiento de ejecución, se podrá suspender exclusivamente en la fase de realización o enajenación por el juez que esté conociendo del mismo. Cuando la ejecución sea extrajudicial, la suspensión la podrá ordenar el juez ante el que se haya presentado la comunicación, exclusivamente en la fase de realización o enajenación. En ambos casos, la suspensión decaerá transcurridos tres meses desde el día de la comunicación.

CUESTIONES

1. Durante la vigencia de los efectos de la comunicación, ¿se puede presentar ejecución contra el deudor por impago de pensión alimentos a sus hijos?

Sí, la prohibición del inicio de ejecuciones o la suspensión de las ya iniciadas no será de aplicación a las reclamaciones de créditos que legalmente no puedan quedar afectados por el plan de reestructuración, entre los que se encuentran los créditos de alimentos derivados de una relación familiar.

2. Un acreedor con garantía de tercero, ¿podrá ejercitar la misma durante la vigencia de los efectos de la comunicación?

Sí, podrá hacerla efectiva si el crédito garantizado hubiese vencido. La única excepción es que la deudora solicite la suspensión de las garantías prestadas por sociedades del mismo grupo (que no esté incluida en la comunicación) acreditando que la ejecución de la garantía pueda causar la insolvencia del garante y de la propia deudora (artículo 596 del TRLC).

3. ¿Podrá levantarse la suspensión de las ejecuciones sobre bienes considerados necesarios para la actividad del deudor?

Sí, tal y como regula el artículo 604 del TRLC, las ejecuciones no iniciadas o suspendidas podrán iniciarse o reanudarse si el juez, como consecuencia de la estimación del recurso de revisión, resolviera que los bienes o derechos no son necesarios para la continuidad de la actividad empresarial o profesional del deudor, salvo lo previsto para extensión de la prohibición de iniciación de ejecuciones o la suspensión de las ya iniciadas de conformidad con el artículo 602 del TRLC.

3.3. Efectos de la comunicación sobre las solicitudes de concurso

¿Qué efectos tiene sobre las solicitudes de concurso la comunicación de apertura de las negociaciones con los acreedores?

Según el artículo 610 del TRLC, las **solicitudes de concurso presentadas por otros legitimados distintos del deudor después de la comunicación** se repartirán al juzgado que hubiera tenido por efectuada la comunicación, pero **no se admitirán a trámite mientras no transcurra el plazo de efectos de la comunicación o su prórroga.**

Las **presentadas antes de la comunicación aun no admitidas a trámite** quedarán **en suspenso.**

No obstante, las solicitudes **suspendidas** y las que se presenten **con posterioridad** a la finalización de los **efectos** de la comunicación o prórroga **solo se proveerán transcurrido un mes sin que el deudor hubiera solicitado la declaración de concurso.** Si el deudor solicita la declaración de concurso dentro de ese mes, se tramitará el mismo, las demás solicitudes se unirán a autos y se tendrán por comparecidos a los solicitantes.

A la **finalización de los efectos de la comunicación o prórroga,** el **deudor** que **no haya alcanzado un plan** de reestructuración y se encuentre en insolvencia actual, **deberá solicitar la declaración de concurso dentro del mes siguiente.**

Durante los efectos de la comunicación, la solicitud de concurso presentada por el deudor podrá ser suspendida por el juez a **instancia del experto** en la reestructuración **o de los acreedores que representen más del 50 % del pasivo** que pudiera quedar afectado por el plan de reestructuración, **siempre que acrediten la presentación de un plan de reestructuración por parte de los acreedores que tenga probabilidad de ser aprobado** (artículo 612 del TRLC). La suspensión se levantará en un mes si los acreedores no hubieran presentado la solicitud de homologación del plan de reestructuración. Sin embargo, esta **suspensión no será aplicable a deudores persona natural o a las sociedades cuyos socios o algunos de ellos sean legalmente responsables de las deudas sociales.**

Sobre esta posibilidad de suspensión se ha pronunciado el **Juzgado de lo Mercantil n.º 2 de Barcelona, que en su sentencia n.º 26/2023, de 4 de septiembre, ECLI:ES:JMB:2023:1949,** con relación a los arts. 612 y 637 del TRLC recoge que:

> «Los dos primeros preceptos establecen la posibilidad de suspensión de la solicitud de concurso presentada por el deudor, a instancia de acreedores que representen más del cincuenta por ciento del pasivo que pudiera resultar afectado, siempre que se acredite la presentación de un Plan de Reestructuración que tenga la probabilidad de ser aprobado.
>
> El art. 612 TRLC lo prevé en el escenario de haber sido comunicada por el deudor al Juzgado la apertura de negociaciones con los acreedores y el art. 637 TRLC en relación con las reglas generales aplicables a la homologación de los planes de reestructuración, y para el supuesto de estar negociándose un PDR de comunicación previa.
>
> Es decir, **se otorga,** en ambos escenarios, **a los acreedores la facultad de suspender la petición del deudor de declarar el concurso para facilitar la homologación de un Plan de Reestructuración.** Si fuera necesaria la voluntad del deudor para esta homologación, esta facultad de los acreedores de impedir la solicitud del concurso por parte del deudor carecería totalmente de sentido».

3.4. Prórroga de los efectos de la comunicación

¿Cuándo y cómo se podrán prorrogar los efectos de la comunicación de apertura de negociaciones con los acreedores?

Conforme al artículo 607 del TRLC, antes de que finalicen los 3 meses desde la comunicación, el **deudor o los acreedores que representen más del 50 % del pasivo** que pueda resultar afectado por el plan de reestructuración, deducido el importe de los créditos que, en caso de concurso, tendrían la consideración de subordinados, **podrán solicitar al juez prórroga de los efectos de la comunicación por otros 3 meses.**

La solicitud de prórroga deberá ir acompañada de **informe favorable del experto en reestructuración, si hubiera sido nombrado.**

De igual modo, a la solicitud de prórroga presentada por el deudor deberá **acompañarse acta de conformidad firmada por los acreedores que representen el 50 %** del pasivo que pueda quedar afectado por el plan de reestructuración **o bien una declaración responsable firmada por el deudor** por la que manifieste que ha obtenido la conformidad de los anteriores, y del informe del experto, si hubiere sido nombrado, en la que se detallarán el estado de las negociaciones y las cuestiones pendientes de acuerdo, y se expresará la identidad de los acreedores que hayan manifestado expresamente oposición a la solicitud de prórroga o no se hubieran pronunciado.

La **prórroga será objeto de inscripción en el Registro Público Concursal, incluso** si la **comunicación** hubiese sido hecha inicialmente con **carácter reservado.**

El juez deberá dejar **sin efecto la prórroga** (artículo 608 del TRLC):

- A **solicitud del deudor o del experto en la reestructuración,** si hubiera sido nombrado.

- A **solicitud de los acreedores que representen al menos el 40 % del pasivo** que, en el momento de esta solicitud, pueda resultar afectado por el plan de reestructuración, deducido el importe de los créditos que, en caso de concurso, tendrían la consideración de subordinados.

- A **solicitud de cualquier acreedor,** en cuyo caso este deberá acreditar que la prórroga de los **efectos** de la comunicación **ha dejado de cumplir el objetivo de favorecer las negociaciones** del plan de reestructuración.

De igual manera, **cualquier acreedor** podrá **solicitar ser excluido de los efectos de la prórroga** si esta **pudiera causarle un perjuicio injustificado,** en particular, si pudiera provocar su insolvencia actual o una disminución significativa del valor de la garantía que tuviera el crédito de que fuera titular.

CUESTIÓN

¿Puede solicitarse una nueva prórroga, antes de que finalicen los 3 meses de la anterior?

No, como bien recoge el **auto del Juzgado de lo Mercantil n.º 6 de Barcelona n.º 435/2023, de 4 de octubre, ECLI:ES:JMB:2023:3997A:** «(...) la prórroga de los efectos de la comunicación podrá acordarse por un periodo de hasta otros tres meses más sucesivos, **no estando previsto en el precepto las prórrogas sucesivas**».

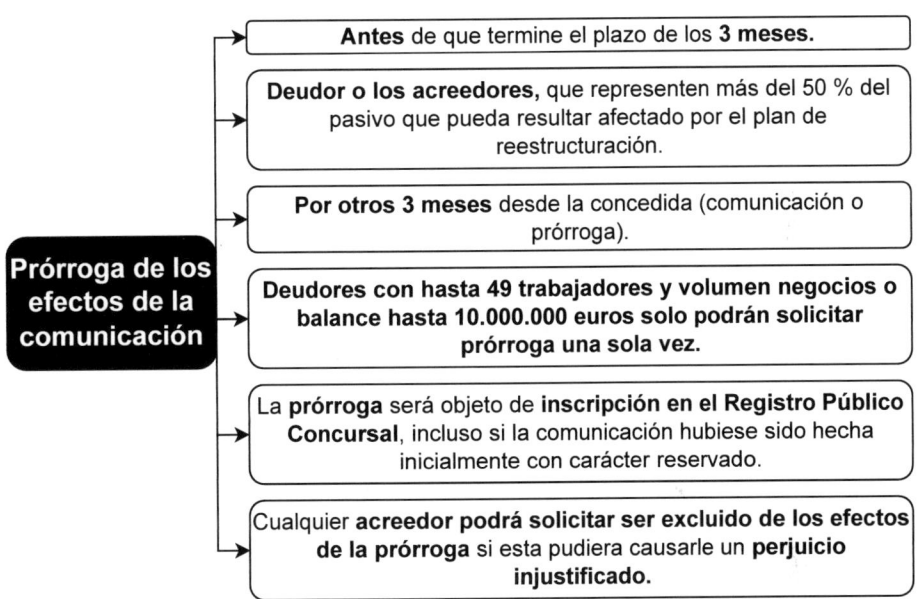

Prórroga de los efectos de la comunicación

- **Antes** de que termine el plazo de los **3 meses.**
- **Deudor o los acreedores,** que representen más del 50 % del pasivo que pueda resultar afectado por el plan de reestructuración.
- **Por otros 3 meses** desde la concedida (comunicación o prórroga).
- **Deudores con hasta 49 trabajadores y volumen negocios o balance hasta 10.000.000 euros solo podrán solicitar prórroga una sola vez.**
- La **prórroga** será objeto de **inscripción en el Registro Público Concursal**, incluso si la comunicación hubiese sido hecha inicialmente con carácter reservado.
- Cualquier **acreedor podrá solicitar ser excluido de los efectos de la prórroga** si esta pudiera causarle un **perjuicio injustificado.**

4.
LOS PLANES DE REESTRUCTURACIÓN

El plan de reestructuración como nuevo instrumento preconcursal

Los planes de reestructuración son una de las principales **novedades que introdujo la Ley 16/2022, de 5 de septiembre, en el TRLC**. Se configuran como un **instrumento preconcursal dirigido a evitar la insolvencia, o a superarla**, que posibilita una actuación en un **estadio de dificultades previo**, sin el estigma asociado al concurso y con **características que pretenden incrementar su eficacia**. Su introducción pretende incentivar una **reestructuración más temprana** y, por tanto, con **mayores probabilidades de éxito**.

Se regulan en los artículos 614 y siguientes del TRLC.

Se considerarán **planes de reestructuración** los que **tengan por objeto la modificación de la composición, de las condiciones o de la estructura del activo y del pasivo del deudor, o de sus fondos propios**, incluidas las transmisiones de activos, unidades productivas o de la totalidad de la empresa en funcionamiento, así como cualquier **cambio operativo necesario, o una combinación de estos elementos**.

Se considerarán **créditos afectados** los que, **en virtud del plan de reestructuración, sufran una modificación de sus términos o condiciones**. Cualquier crédito puede ser afectado por el plan de reestructuración. Sin embargo, de conformidad con el artículo 616 del TRLC, **no podrán quedar afectados** por un plan de reestructuración:

- Los **créditos de alimentos derivados de una relación familiar, de parentesco o de matrimonio**.
- Los **créditos derivados de responsabilidad civil extracontractual**.
- Los **créditos derivados de relaciones laborales distintas de las del personal de alta dirección**.
- Los **créditos futuros que nazcan de contratos de derivados que se mantengan en vigor**.

CUESTIÓN

¿Los créditos de derecho público pueden quedar afectados por el plan de reestructuración?

Los créditos de derecho público podrán ser afectados cuando concurran los requisitos que establece el art. 616.2 del TRLC y en la forma prevista en el art. 616 bis del TRLC.

RESOLUCIÓN RELEVANTE

Sentencia de la Audiencia Provincial de Pontevedra n.º 179/2023, de 10 de abril, ECLI:ES:APPO:2023:336

Asunto: posibilidad de excluir voluntariamente del plan de reestructuración determinados créditos

«Conviene subrayar que, en la disciplina del plan de reestructuración no rige el principio concursal de universalidad de la masa pasiva. Señala el Preámbulo de la Ley 16/2022, de 5 de septiembre: La ley, siguiendo a la Directiva, deja a los interesados que, en función de las necesidades de cada caso y del proceso de negociación, decidan si quieren afectar a la totalidad del pasivo o solo a una parte, y la cuantía o identidad de esta. Lo que se plasma en los arts. 616 y ss. TRLC. Es por ello por lo que, además de los créditos excluidos legalmente del perímetro de la afectación: los créditos de alimentos derivados de una relación familiar, de parentesco o de matrimonio, los créditos derivados de responsabilidad civil extracontractual y los créditos derivados de relaciones laborales, distintas de las del personal de alta dirección (art. 616.2.I TRLC), o los créditos de derecho público (porque no concurren los requisitos para poder ser afectados por el plan (art. 616.2.III TRLC), cabe que el plan excluya voluntariamente determinados créditos del tal perímetro.

La exigencia legal es que el plan exprese las razones de la no afectación, y que estas se consideren suficientes. Es por ello por lo que, criterios materiales, temporales o de oportunidad estratégica, entre otros, pueden servir de tal suficiente justificación».

4.1. Contenido del plan de reestructuración

¿Qué contenido ha de tener el plan de reestructuración?

El plan de reestructuración contendrá, de conformidad con el artículo 633 del TRLC, como mínimo:

- La **identidad del deudor**.

- La **identidad del experto** encargado de la reestructuración, si hubiera sido nombrado.

- Descripción de la **situación económica del deudor** y de la situación de los **trabajadores**, y una descripción de las **causas y del alcance** de las **dificultades** del deudor.

- **Activo y el pasivo del deudor** en el momento de formalizar el plan de reestructuración.

- Acreedores cuyos créditos van a quedar afectados por el plan. Estos deben estar identificados individualmente o descritos por clases, especificando el importe del crédito que vaya a quedar afectado, así como los intereses y la clase a la que pertenezcan.

- Contratos con obligaciones recíprocas pendientes de cumplimiento que vayan a quedar resueltos con el plan.

- Si el plan afectase a los derechos de los socios, deberá figurar el valor nominal de sus acciones o participaciones sociales.

- Acreedores o socios que no vayan a quedar afectados por el plan. Deben figurar mencionados individualmente o descritos por clases, así como las razones por la que no se afectan al plan.

- Medidas de reestructuración operativa propuestas, duración de las mismas y los flujos de caja estimados del plan, así como las medidas de reestructuración financiera de la deuda, incorporando la financiación interina y la nueva financiación prevista en el plan de reestructuración, con justificación de su necesidad y las consecuencias globales para el empleo, como despidos, acuerdos sobre reducción de jornada o medidas similares.

- Exposición de las condiciones necesarias para el éxito del plan de reestructuración y de las razones por las que garantiza la viabilidad de la empresa a corto y medio plazo, y evita el concurso.

- Medidas de información y consulta con los trabajadores.

- Si el plan pudiese afectar a un crédito público, se incluirá la acreditación de encontrarse al corriente en el cumplimiento de las obligaciones tributarias y frente a la Seguridad Social mediante la presentación de las correspondientes certificaciones.

A TENER EN CUENTA. Para deudores con hasta 49 trabajadores y volumen de negocios o balance hasta 10.000.000 de euros, debe especificar que concurren las circunstancias para aplicar reglas especiales contenidas en los artículos 682 a 684 del TRLC. Si no lo hace, la comunicación quedará sin efecto y la persona natural o jurídica que la hubiera realizado no podrá efectuar otra nueva hasta que transcurra un año de la anterior.

4.2. Aprobación del plan de reestructuración

¿Cómo se aprueba el plan de reestructuración?

A los efectos del voto de un plan de reestructuración, el artículo 617 del TRLC prevé que cada crédito se computará por el principal más los recargos e intereses vencidos hasta la fecha de formalización del plan en instrumento público. Los **acreedores** titulares de créditos afectados por el plan de reestructuración **votarán agrupados por clases de créditos,** tal y como se regula en el artículo 622 del TRLC. La formación de clases de créditos debe atender a la existencia de un interés común determinado conforme a criterios objetivos.

> **A TENER EN CUENTA.** Cuando los acreedores sean pequeñas o medianas empresas y el plan de reestructuración suponga para ellas un sacrificio superior al 50 % del importe de su crédito, deberán constituir una clase de acreedores separada. Los créditos con garantía real sobre bienes del deudor constituirán una clase única, salvo que la heterogeneidad de los bienes o derechos gravados justifique su separación en dos o más clases. De igual forma, los créditos de derecho público constituirán una clase separada entre las clases de su mismo rango concursal.

La **confirmación judicial de la correcta formación de las clases de acreedores** con carácter previo a la solicitud de homologación del plan, prevista en los artículos 625 y 626 del TRLC, la **podrán pedir el deudor, así como los acreedores que representen más del 50 % del pasivo que vaya a quedar afectado.** La confirmación facultativa de las clases de acreedores **solo la puede pedir el deudor en empresas de hasta 49 trabajadores (número medio) y volumen de negocio anual o balance de hasta 10.000.000 de euros,** de conformidad con el régimen especial para este tipo de deudores previsto en los artículos 682 a 684 del TRLC.

En cualquier caso, la propuesta del plan de reestructuración deberá ser comunicada a todos los acreedores cuyos créditos pudieran quedar afectados (artículo 627 del TRLC). **Todos los acreedores cuyos créditos pudieran quedar afectados por el plan tienen derecho de voto** (artículo 628 del TRLC).

Conforme al artículo 629 del TRLC, se considerará **aprobado por una clase** de créditos afectados si hubieran **votado a favor más de los dos tercios del importe del pasivo correspondiente a esa clase.** Para la clase de **créditos con garantía real,** el plan de reestructuración se considerará aprobado si hubieran **votado a favor tres cuartos del importe del pasivo** correspondiente a **esta clase.**

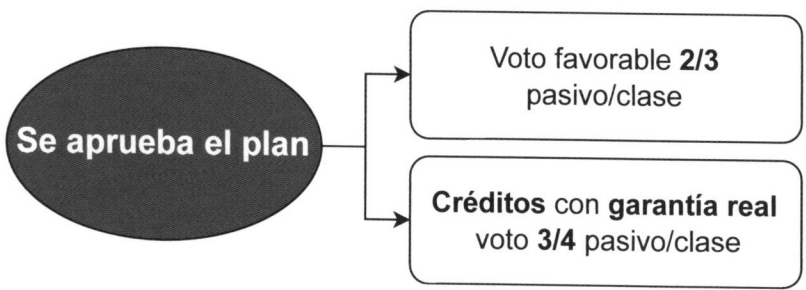

Se aprueba el plan

Voto favorable **2/3** pasivo/clase

Créditos con **garantía real** voto **3/4** pasivo/clase

CUESTIONES

1. ¿Cómo debe hacerse la comunicación de la propuesta de plan de reestructuración a los acreedores?

Tal y como estipula el artículo 627 del TRLC, se deberá comunicar de forma individual por correo postal o electrónico. Si esta comunicación no fuese posible, por desconocer identidad o dirección del acreedor, se podrá comunicar mediante anuncio en la página web de la sociedad, con indicación del lugar donde los acreedores legitimados podrán examinar el contenido del plan. Si esto último no fuese posible, se solicitará que se publique mediante edicto en el Registro Público Concursal con indicación del lugar donde los acreedores podrán examinar el contenido del plan. En el caso de los acreedores públicos, la comunicación se realizará mediante el servicio establecido en la sede electrónica de cada entidad.

2. ¿Se pueden extinguir relaciones laborales en el marco del derecho preconcursal?

Sí, el plan de reestructuración puede prever la modificación o extinción de la relación laboral. No obstante, la misma se llevará a cabo de acuerdo con la legislación laboral aplicable incluyendo, en particular, las normas de información y consulta de las personas trabajadoras, tal y como exige el artículo 628 bis del TRLC.

3. ¿Se puede resolver un contrato con obligaciones recíprocas durante la negociación de un plan de reestructuración?

Sí, el deudor podrá solicitarlo a la otra parte contratante cuando esa resolución resulte necesaria para el buen fin de la reestructuración y prevenir el concurso. Si no llegasen a un acuerdo, el plan de reestructuración podrá prever la resolución de esos contratos (artículo 620 del TRLC).

4.3. Homologación del plan de reestructuración

¿Cuándo y cómo debe homologarse el plan de reestructuración?

El **plan** de reestructuración **deberá ser formalizado en instrumento público** (que tendrá la consideración de documento sin cuantía), se incluirá la **certificación** del experto en la reestructuración, si estuviera nombrado, y en otro caso de auditor, sobre la suficiencia de las **mayorías que se exigen para aprobar el plan.**

Puede solicitarse **homologación del plan con fase de contradicción previa.** Así, en la solicitud de homologación se podrá requerir que, **con carácter previo** a la homologación del plan de reestructuración, **las partes afectadas puedan oponerse** a la misma. La oposición se tramitará por los cauces del **incidente concursal con las especialidades previstas en el artículo 663 del TRLC.**

‖ Especialidades en la homologación del plan

La **homologación judicial del plan de reestructuración será necesaria,** de conformidad con el artículo 635 del TRLC, en cualquiera de los siguientes casos:

- Cuando se pretenda **extender sus efectos a acreedores** o clases de acreedores **que no hubieran votado a favor** del plan o a los **socios del deudor** persona jurídica.
- Cuando se pretenda la **resolución de contratos en interés de la re-estructuración.**
- Cuando se pretenda **proteger la financiación interina y la nueva financiación** que prevea el plan, así como los actos, operaciones o negocios realizados en el contexto de este frente a acciones rescisorias en los términos previstos en el título III del libro segundo del TRLC, y reconocer a esa financiación las preferencias de cobro previstas en el libro primero.

No se podrá pedir homologación si hubiera sido admitida a trámite solicitud de concurso necesario, tal y como establece el artículo 636 del TRLC.

En el caso de planes de **reestructuración aprobados por todas las clases de acreedores** (artículo 638 del TRLC), para homologarlo deberá:

- Cumplir con los **requisitos de contenido y forma.**
- El **deudor debe estar en insolvencia actual, inminente o probabilidad** de insolvencia, y el **plan debe razonablemente evitar el concurso y asegurar la viabilidad** de la empresa en el corto y medio plazo.
- El **plan** debe haber sido **aprobado por todas las clases de créditos,** por el deudor o, en su caso, por los socios.
- Que los **créditos dentro de la misma clase sean tratados de forma paritaria.**
- El **plan** debe haber sido **comunicado a todos los acreedores** afectados.

En el caso de **planes de reestructuración que no hayan sido aprobados por todas las clases de acreedores** (artículo 639 del TRLC), **se pueden homologar** si se da alguna de estas circunstancias:

- Que haya sido **aprobado por una mayoría simple de las clases** (siempre que, al menos, una de ellas sea una clase de créditos que en el concurso habrían sido calificados como créditos con privilegio especial o general).
- Que al menos **una clase que pueda razonablemente presumirse que hubiese recibido algún pago tras una valoración de la deudora como empresa en funcionamiento.** En este último caso, la homologación del plan requerirá que la solicitud vaya acompañada de un **informe del experto en la reestructuración sobre el valor de la deudora como empresa en funcionamiento.**

Si el **deudor fuera persona natural**, la homologación del plan de reestructuración **requerirá** que haya sido **aprobado por este**.

Si el **deudor fuera una persona jurídica**, la homologación del plan de reestructuración **requerirá** que haya sido **aprobado por los socios legalmente responsables de las deudas sociales**. Si no hay deudores responsables, y el plan contuviera medidas que requieran acuerdo de la junta de socios, se puede homologar, aunque no haya sido aprobado por los socios si la sociedad está en insolvencia actual o inminente.

La solicitud de homologación del plan de reestructuración podrá ser presentada por el deudor o por cualquier acreedor afectado que lo haya suscrito ante el juez concursal e irá firmado por procurador/a y abogado/a (artículo 643 del TRLC).

> **A TENER EN CUENTA**. La homologación del plan de reestructuración, en el caso de deudores con hasta 49 trabajadores y volumen negocios o balance hasta 10.000.000 de euros, solo podrá solicitarse si el deudor y, en su caso, los socios de la sociedad deudora lo hubieran aprobado (artículo 684.2 del TRLC). De igual forma, para este tipo de deudores, aunque no haya sido aprobado por todas las clases de acreedores, el plan de reestructuración podrá ser homologado si la clase o clases de acreedores que no lo hayan aprobado reciben un trato más favorable que cualquier otra clase de rango inferior (artículo 684.4 del TRLC).

A la solicitud se acompañará, tal como exige el artículo 643 del TRLC, **copia íntegra del instrumento público** en el que se haya formalizado el plan, la **certificación de auditor sobre la suficiencia de las mayorías** que se exigen para que se homologue el plan, el **informe**, en su caso, **del experto en la reestructuración** y, en el caso de que se pretenda que el plan de reestructuración **afecte al crédito público** de las **certificaciones emitidas por la AEAT y la TGSS** acreditativas de estar al corriente con las obligaciones tributarias y de Seguridad Social.

También se prevé que, **en la solicitud de homologación, el solicitante podrá requerir que, con carácter previo a la homologación del plan de reestructuración, las partes afectadas puedan oponerse a esta** (artículos 662 y 663 del TRLC).

> **CUESTIONES**
>
> **1. Presentada comunicación conjunta de apertura de negociaciones con acreedores, ¿se podrán presentar para su homologación planes de reestructuración independientes?**
>
> Sí, los deudores que hubieran efectuado una comunicación conjunta podrán solicitar bien la homologación individual o conjunta de los respectivos planes de reestructuración o de alguno de ellos, o bien la homologación de un plan conjunto de reestructuración.
>
> Si bien, en el caso de solicitud de homologación conjunta de distintos planes de reestructuración o de homologación o de un plan conjunto de reestructuración, los requisitos para la homologación deberán cumplirse en relación con cada uno de los deudores.

2. ¿Cuáles son las especialidades del incidente concursal para la homologación del plan con fase de contradicción previa?

Se regulan en el artículo 663 del TRLC, y son las siguientes:

- La providencia que admita a trámite la solicitud de homologación se publicará en el Registro Público Concursal con indicación del lugar donde el plan queda a disposición de los acreedores afectados y, en su caso, de los socios, para que en un plazo de quince días desde su publicación registral puedan formular oposición.

- La legitimación y los motivos de la oposición se sujetarán a las normas previstas para la impugnación del plan en la sección 3.ª del capítulo V del título III del libro segundo del TRLC, incluyendo la falta de competencia internacional o territorial.

- Todas las oposiciones, incluidas las fundadas en la falta de competencia judicial, se tramitarán conjuntamente, y se dará traslado de todas ellas al solicitante de la homologación para que, en un plazo común de quince días conteste a la oposición.

- La sentencia que resuelva sobre el incidente se dictará en un plazo de un mes y no será susceptible de recurso.

|| Efectos de la homologación del plan

La **homologación** tendrá lugar mediante **auto que se adoptará dentro de los quince días siguientes** a la **publicación** de la **admisión a trámite** de la solicitud en el RPC (artículo 647 del TRLC).

El auto de homologación **se publicará de inmediato en el RPC**. Los efectos del plan de reestructuración se extienden inmediatamente a todos los créditos afectados, al propio deudor y, si fuera sociedad, a sus socios, aunque el auto no sea firme.

Los **actos de ejecución del plan que sean inscribibles** en los registros públicos **se inscribirán** en estos, conforme a la legislación que les sea aplicable. Cuando el plan contuviera medidas que requirieran acuerdo de junta o asamblea y esta no las hubiera acordado, los administradores de la sociedad o quien designe el juez a propuesta de cualquier acreedor, tendrán las facultades precisas para llevar a cabo los actos necesarios para su ejecución, así como para las modificaciones estatutarias que sean precisas (artículo 650 del TRLC).

Los **acreedores titulares de derechos de garantía real** que hayan **votado en contra del plan** y pertenezcan a una **clase en la que el voto favorable hubiera sido inferior** al voto disidente, tal y como establece el artículo 651 del TRLC, tendrán derecho a **instar la realización de los bienes o derechos gravados en el plazo de un mes** a contar desde la publicación del auto de homologación. El plan podrá prever la **sustitución de este derecho por la opción de cobrar en efectivo, en un plazo no superior a 120 días, la parte del crédito cubierta por el valor de la garantía**. En caso de falta de pago del crédito, el acreedor tendrá derecho a la ejecución de la garantía.

A TENER EN CUENTA. Si la cantidad obtenida en la realización de los bienes o derechos gravados fuese menor que la deuda garantizada, pero mayor que el valor de la garantía recogido en el plan de reestructuración, el ejecutante hará suya toda la cantidad resultante de la ejecución. La diferencia entre esa cantidad y el valor de la garantía se deducirá de lo que, en su caso, hubiese recibido o deba recibir conforme al plan de reestructuración por la parte del crédito no garantizada. Si la cantidad obtenida fuese inferior al valor de la garantía, el acreedor hará suya toda la cantidad resultante de la ejecución, y la parte remanente quedará insatisfecha.

Los **acreedores afectados que no hubieran votado a favor del plan de reestructuración mantendrán sus derechos frente a terceros que hayan constituido garantía personal o real** para la satisfacción de su crédito (artículo 652 del TRLC). Respecto de los **acreedores que hayan votado a favor del plan, el mantenimiento de sus derechos frente a los terceros obligados dependerá de lo que hubiesen acordado en la respectiva relación jurídica** y, en su defecto, de las normas aplicables a esta.

Si bien, como **excepción** a lo dispuesto en el anterior párrafo los efectos del plan de reestructuración de una sociedad de un grupo se pueden extender también, en las condiciones previstas, a las garantías personales o reales prestadas por cualquier otra sociedad del mismo grupo no sometida al plan de reestructuración, cuando la ejecución de la garantía pueda causar la insolvencia de la garante y de la propia deudora.

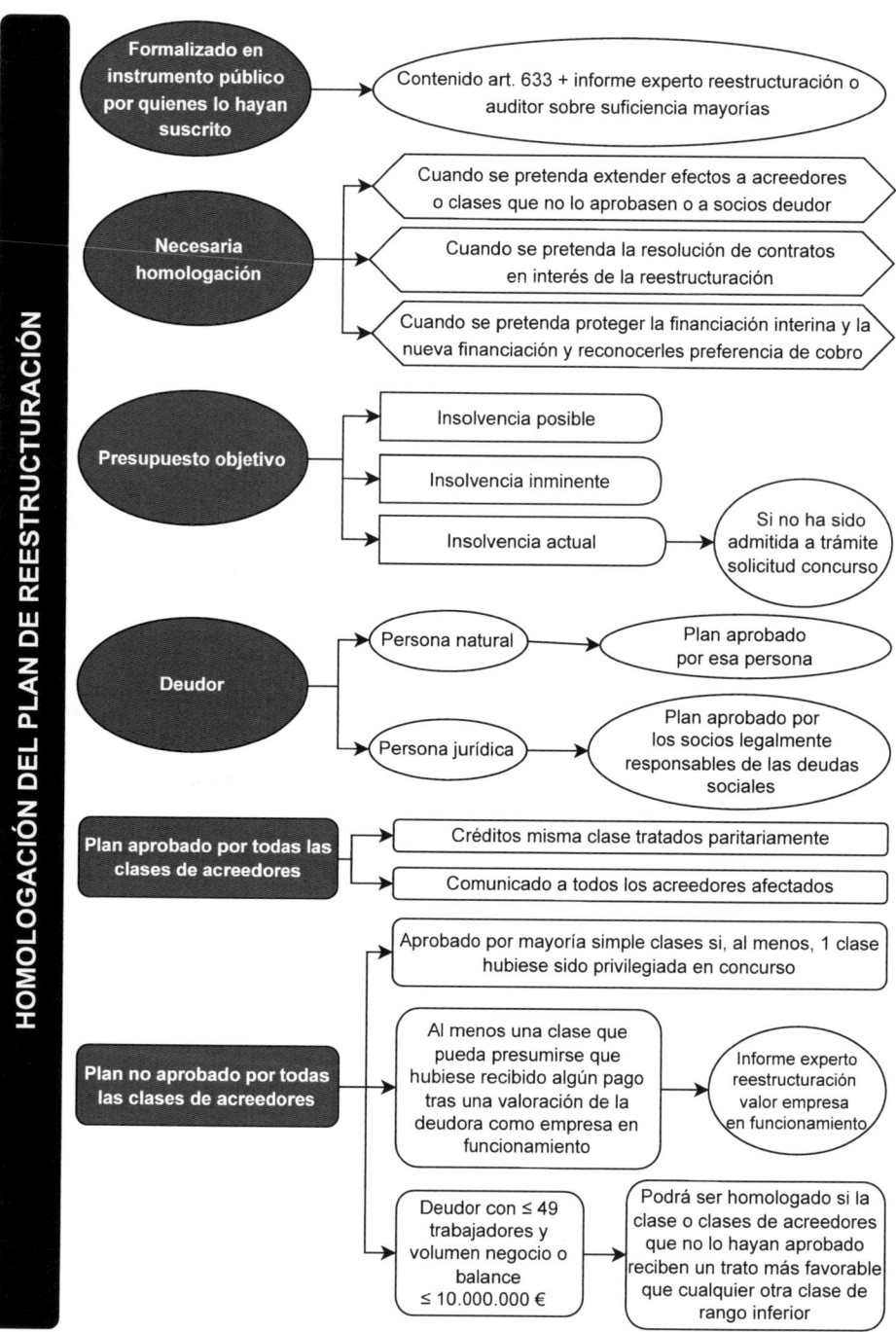

HOMOLOGACIÓN DEL PLAN DE REESTRUCTURACIÓN

Formalizado en instrumento público por quienes lo hayan suscrito → Contenido art. 633 + informe experto reestructuración o auditor sobre suficiencia mayorías

Necesaria homologación
- Cuando se pretenda extender efectos a acreedores o clases que no lo aprobasen o a socios deudor
- Cuando se pretenda la resolución de contratos en interés de la reestructuración
- Cuando se pretenda proteger la financiación interina y la nueva financiación y reconocerles preferencia de cobro

Presupuesto objetivo
- Insolvencia posible
- Insolvencia inminente
- Insolvencia actual → Si no ha sido admitida a trámite solicitud concurso

Deudor
- Persona natural → Plan aprobado por esa persona
- Persona jurídica → Plan aprobado por los socios legalmente responsables de las deudas sociales

Plan aprobado por todas las clases de acreedores
- Créditos misma clase tratados paritariamente
- Comunicado a todos los acreedores afectados

Plan no aprobado por todas las clases de acreedores
- Aprobado por mayoría simple clases si, al menos, 1 clase hubiese sido privilegiada en concurso
- Al menos una clase que pueda presumirse que hubiese recibido algún pago tras una valoración de la deudora como empresa en funcionamiento → Informe experto reestructuración valor empresa en funcionamiento
- Deudor con ≤ 49 trabajadores y volumen negocio o balance ≤ 10.000.000 € → Podrá ser homologado si la clase o clases de acreedores que no lo hayan aprobado reciben un trato más favorable que cualquier otra clase de rango inferior

4.4. Protección en caso de concurso

Régimen de protección para determinados créditos

Se regula un régimen de protección para determinados créditos en caso de concurso posterior en los artículos 665 a 670 del TRLC.

Así, si los **créditos afectados por un plan de reestructuración anterior** que hubiera sido homologado representasen al menos el **51 % del pasivo total no serán rescindibles:**

- Los **actos u operaciones razonables y necesarios inmediatamente para el éxito de la negociación** con los acreedores (siempre que se hubieran identificado expresamente como tales en el propio plan). Estos actos u operaciones incluirán, como mínimo:

  - El pago de tasas y costes en relación con la negociación, la adopción o la confirmación de un plan de reestructuración.

  - El pago de honorarios y costes de asesoramiento profesional en estrecha relación con la reestructuración.

  - El pago de los salarios de los trabajadores por trabajos ya realizados.

  - Cualquier otro pago y desembolso efectuados en el curso ordinario de la actividad del deudor.

- **La financiación interina y la nueva financiación**, incluida la concedida por personas especialmente relacionadas.

- Los **actos, operaciones o negocios que sean razonables** e inmediatamente **necesarios para la ejecución del plan.**

Ello, siempre y cuando no se pruebe que se realizaron en fraude de acreedores. En el caso de concurso posterior, cuando la **financiación interina o la nueva financiación concedidas por personas especialmente relacionadas con el deudor**, solo tendrán esta protección si los créditos afectados, excluidos los créditos de que fueran titulares esas personas, representen más del **60 % del pasivo total.**

En el caso de un concurso posterior, si los créditos afectados por un plan de reestructuración anterior homologado fuesen **inferiores al 51 % del pasivo total sí serán rescindibles,** según lo dispuesto en libro primero del TRLC, sin que sean de aplicación las presunciones relativas de perjuicio para la masa activa.

En todo caso, en el trámite de homologación, **el juez verificará que concurren los requisitos y las mayorías** previstas y que la **nueva financiación no perjudica injustamente los intereses de los acreedores.**

> **CUESTIÓN**
>
> **¿Qué son la financiación interina y la nueva financiación?**
>
> El artículo 665 del TRLC define la **financiación interina** como la concedida por quien no fuera acreedor o por acreedor preexistente si en el momento de la conce-

sión fuera razonable y necesaria inmediatamente, bien para asegurar la continuidad total o parcial de la actividad del deudor durante las negociaciones con los acreedores hasta la homologación de ese plan, bien para preservar o mejorar el valor que tuvieran a la fecha de inicio de esas negociaciones el conjunto de la empresa o una o varias unidades productivas.

Por su parte, el artículo 666 del TRLC define la **nueva financiación** como la concedida por quien no fuera acreedor o por acreedor preexistente que, estando prevista en el plan de reestructuración, resulte necesaria para el cumplimiento de ese plan.

Cualquier acreedor afectado por el plan de reestructuración que no hubiera votado a favor del mismo podrá impugnar u oponerse a la homologación del plan por los siguientes motivos alternativos:

- Que **no concurren las mayorías** necesarias para proteger la financiación interina o la nueva financiación.

- Que la financiación interina, la nueva financiación o los actos, negocios y operaciones previstos para la ejecución del plan **no cumplen los requisitos legales**.

- Que la financiación interina, la nueva financiación o los actos, negocios y operaciones previstos para la ejecución del plan **perjudican injustamente los intereses de los acreedores**.

Por otra parte, cualquier **acreedor no afectado por el plan** podrá impugnar u oponerse a la homologación, **además** de por los motivos expuestos, **porque el plan no resulte necesario para evitar el concurso y asegurar la viabilidad de la empresa en el corto y medio plazo**.

La estimación de la **impugnación o de la oposición tendrá como único efecto** que, en caso de concurso de acreedores, la financiación interina, la nueva financiación y los actos, operaciones o negocios realizados en ejecución del plan **quedarán sometidos a las normas sobre acciones concursales de rescisión contenidas en el libro primero y los créditos correspondientes serán clasificados conforme a dicho libro**.

4.5. Impugnación del plan homologado

Oposición al plan homologado

El auto de homologación del plan de reestructuración podrá ser **impugnado ante la audiencia provincial**. En todo caso, la impugnación **carecerá de efectos suspensivos**.

El **plan aprobado por todas las clases de créditos**, tal y como regula el artículo 654 del TRLC, podrá ser impugnado por los acreedores afectados que no hayan votado a favor del plan por los siguientes **motivos**:

– Que no se hayan cumplido los requisitos de comunicación, contenido y de forma.

– Que la formación de las clases de acreedores y la aprobación del plan, no se hayan producido correctamente.

– Que el deudor no se encuentre en probabilidad de insolvencia, insolvencia inminente o actual.

– Que el plan no ofrezca una perspectiva razonable de evitar el concurso y asegurar la viabilidad de la empresa en el corto y medio plazo.

– Que sus créditos no hayan sido tratados de forma paritaria con otros créditos de su clase.

– Que la reducción del valor de sus créditos sea manifiestamente mayor al que resulta necesario para garantizar la viabilidad de la empresa.

– Que el plan no supere la prueba del interés superior de los acreedores, es decir, que sus créditos se vean perjudicados por el plan de reestructuración en comparación con su situación en caso de liquidación concursal de los bienes del deudor, individualmente o como unidad productiva.

– Que el deudor haya incumplido la obligación de encontrarse al corriente en el cumplimiento de sus obligaciones tributarias y frente a la Seguridad Social.

En el caso del plan no aprobado por todas las clases de créditos, podrá ser impugnado por los acreedores que no hayan votado a favor del plan, con independencia de que pertenezcan o no a una clase que haya aprobado dicho plan, según lo previsto en el artículo 655 del TRLC, por los motivos mencionados antes, así como por los siguientes:

– Que no haya sido aprobado por la clase o clases necesarias.

– Que una clase de créditos vaya a mantener o recibir derechos, acciones o participaciones, con un valor superior al importe de sus créditos.

– Que la clase a la que pertenezca el acreedor vaya a recibir un trato menos favorable que cualquier otra clase del mismo rango.

– Que la clase a la que pertenezca el acreedor vaya a mantener o recibir derechos, acciones o participaciones con un valor inferior al importe de sus créditos si una clase de rango inferior o los socios van a recibir cualquier pago o conservar cualquier derecho, acción o participación en el deudor. No obstante, se podrá confirmar la homologación del plan de reestructuración, aunque no se cumpla esta condición, cuando sea imprescindible para asegurar la viabilidad de la empresa y los créditos de los acreedores afectados no se vean perjudicados injustificadamente.

– En caso de que el plan afecte a crédito público, que el deudor haya incumplido la obligación de encontrarse al corriente en el cumplimiento de sus obligaciones tributarias y frente a la Seguridad Social.

En el caso de impugnación del auto de homologación del **plan no aprobado por los socios, solo aquellos que hayan votado en contra tendrán legitimación** para impugnarlo, conforme al artículo 656 del TRLC, por los siguientes **motivos:**

- Que el **plan no cumpla los requisitos de contenido y de forma.**
- Que **no haya sido aprobado.**
- Que el **deudor no se encontrara en estado insolvencia actual o de insolvencia inminente.**
- Que el **plan no ofrezca una perspectiva razonable de evitar el concurso y asegurar la viabilidad de la empresa en el corto y medio plazo.**
- Que una clase de **acreedores afectados vaya a recibir,** como consecuencia del cumplimiento del plan, **derechos, acciones o participaciones,** con un **valor superior al importe de sus créditos.**

Cuando en el auto de homologación del **plan de reestructuración se hubiera acordado la resolución de un contrato con obligaciones recíprocas pendientes de cumplimiento,** la parte afectada podrá impugnar por los siguientes **motivos:**

- Que esa **resolución del contrato no resulte necesaria** para asegurar el buen fin de la reestructuración y prevenir el concurso.
- Que **no sea adecuada la indemnización prevista** en el plan por la resolución anticipada del contrato.

Las impugnaciones se **tramitarán** conjuntamente por los trámites del **incidente concursal.** De las impugnaciones presentadas se dará traslado al deudor y a los acreedores adheridos al plan de reestructuración, para que puedan oponerse a la impugnación en un plazo de quince días.

La **sentencia que resuelva** la impugnación deberá ser dictada dentro de los **treinta días** siguientes a aquel en que hubiera **finalizado la tramitación del incidente,** tendrá la misma publicidad que el auto de homologación y sus efectos se producirán al día siguiente al de su publicación en el RPC. Dicha sentencia no será susceptible de recurso alguno (artículo 659 del TRLC).

Si la **sentencia es estimatoria, los efectos del plan no se extenderán frente a quien lo hubiera impugnado, subsistiendo** los efectos de la homologación **frente a los demás acreedores y socios.**

Cuando la **estimación de la impugnación** se haya basado en la **falta de las mayorías necesarias o en la formación defectuosa de las clases,** la sentencia declarará la **ineficacia del plan.**

En cualquier caso, la **impugnación del plan no perjudicará los derechos adquiridos por terceros de buena fe** de acuerdo con la legislación hipotecaria.

Además de por los motivos expuestos, de conformidad con el artículo 670.1 del TRLC, cualquier acreedor afectado por el plan de reestructuración que no hubiera votado a favor del mismo podrá impugnar u oponerse a la homologación del plan por los siguientes motivos alternativos:

– Que **no concurren las mayorías** necesarias para proteger la financiación interina o la nueva financiación.

– Que la **financiación interina, la nueva financiación o los actos, negocios y operaciones previstos** para la ejecución del plan **no cumplen los requisitos legales.**

– Que la **financiación interina, la nueva financiación o los actos, negocios y operaciones previstos** para la ejecución del plan **perjudican injustamente los intereses de los acreedores.**

Por otra parte, cualquier **acreedor no afectado por el plan,** tal y como prevé el artículo 670.2 del TRLC, podrá impugnar u oponerse a la homologación, **además** de por los motivos ya expuestos, **porque el plan no resulte necesario para evitar el concurso y asegurar la viabilidad de la empresa en el corto y medio plazo.**

En estos dos últimos supuestos (los previstos en los apdos. 1 y 2 del art. 670 del TRLC), la estimación de la **impugnación o de la oposición tendrá como único efecto** que, en caso de concurso de acreedores, la financiación interina, la nueva financiación y los actos, operaciones o negocios realizados en ejecución del plan **quedarán sometidos a las normas sobre acciones concursales de rescisión contenidas en el libro primero y los créditos correspondientes** serán clasificados conforme a dicho libro.

Una vez homologado, **no se podrá pedir la resolución del plan de reestructuración por incumplimiento, ni la desaparición de los efectos extintivos o novatorios** de los **créditos afectados,** salvo que el propio plan previese otra cosa.

Si el incumplimiento del plan tuviera como causa la insolvencia, cualquier persona legitimada podrá solicitar la declaración de concurso.

A TENER EN CUENTA. Una vez homologado un plan de reestructuración, no podrá presentarse otra solicitud de homologación respecto del mismo deudor hasta que transcurra un año a contar desde la fecha de solicitud de la homologación del plan anterior (artículo 664 del TRLC).

CUESTIONES

1. ¿Podrá impugnarse la homologación judicial del plan de reestructuración en base a que las clases no están bien formadas si se ha producido confirmación judicial de las clases de acreedores?

No, tal y como dispone el artículo 626.4 del TRLC.

2. ¿Cómo se podrán cancelar las inscripciones o anotaciones realizadas conforme a un plan de reestructuración homologado?

Se podrán cancelar mediante testimonio del auto de homologación del acuerdo por el que se cancelan.

IMPUGNACIÓN DE LA HOMOLOGACIÓN DEL PLAN DE REESTRUCTURACIÓN

Audiencia Provincial

- Plan aprobado por todas las clases de créditos. Art. 654 del TRLC
- Plan no aprobado por todas las clases de créditos. Art. 655 del TRLC
- Plan no aprobado por los socios. Art. 656 del TRLC
- Impugnación de la resolución de contratos. Art. 657 del TRLC
- Impugnación u oposición de efecto limitado. Art. 670 del TRLC

Plazo máximo 30 días desde finalización incidente

Misma publicidad que auto de homologación

Efectos el día siguiente al de su publicación en el Registro Público Concursal

No será susceptible de recurso

Único efecto en caso de concurso financiación interina, nueva financiación y los actos realizados en ejecución del plan **sometidos a las normas sobre acciones concursales de rescisión**

Sentencia

- Estimatoria impugnación → Plan no efectos sobre impugnante, subsiste plan frente al resto
- Estimación por falta mayorías necesarias o formación defectuosa clases → Sentencia declarará la ineficacia del plan

No perjudicará los derechos adquiridos por terceros de buena fe

5.
ESPECIAL TRATAMIENTO DE LOS CRÉDITOS PÚBLICOS EN LOS PLANES DE REESTRUCTURACIÓN

El régimen especial de los créditos públicos en el derecho preconcursal

A los créditos públicos se les ha dotado de una especial protección tras la reforma operada por la Ley 16/2022, de 5 de septiembre.

Así, como ya señalamos, los **efectos suspensivos de la comunicación** de la apertura de negociaciones con los acreedores, o la intención de iniciarlas inmediatamente, **no serán de aplicación a los procedimientos de ejecución de los acreedores públicos.** En dicho supuesto, si la **ejecución recayera sobre bienes o derechos necesarios para la continuidad de la actividad del deudor,** una vez iniciado el procedimiento de ejecución, **se podrá suspender exclusivamente en la fase de realización o enajenación por el juez que esté conociendo del mismo.** En caso de que la ejecución sea **extrajudicial, la suspensión la podrá ordenar el juez** ante el que se haya presentado la **comunicación,** exclusivamente en la fase de realización o enajenación. Dichas suspensiones **decaerán transcurridos tres meses** desde el día de la comunicación.

No obstante, los créditos de derecho público podrán ser **afectados por un plan de reestructuración, siempre y cuando se cumpla con los siguientes requisitos** (artículo 616 del TRLC):

– Que el **deudor acredite que se encuentra al corriente de sus obligaciones tributarias y con Seguridad Social,** tanto en el momento de presentar la comunicación de apertura de negociaciones, como en el momento de solicitud de homologación judicial del plan, mediante la presentación en el juzgado de las correspondientes certificaciones.

– Que los **créditos tengan una antigüedad inferior a dos años,** computados desde la fecha de su devengo de acuerdo con la normativa tributaria y de la Seguridad Social hasta la fecha de presentación en el juzgado de la comunicación de apertura de negociaciones.

A los efectos del voto para la aprobación del plan de reestructuración, los créditos de derecho público constituirán una **clase separada entre las clases de su mismo rango** concursal.

En cualquier caso, conforme al artículo 616 bis del TRLC, el plan de reestructuración **nunca podrá suponer** para los créditos de derecho público la **reducción de su importe**; el **cambio de la ley aplicable**; el **cambio de deudor** (ello sin perjuicio de que un tercero asuma, sin liberación de ese deudor, la obligación de pago); **la modificación o extinción de las garantías** que tuvieren; o la **conversión del crédito en acciones o participaciones sociales**, en **crédito o préstamo participativo** o en un instrumento de **características o de rango distintos de aquellos que tuviere el originario**.

Los créditos de derecho público afectados por el plan de reestructuración, conforme exige el artículo **deberán ser íntegramente satisfechos** en los siguientes plazos:

- **12 meses a contar desde la fecha del auto de homologación** del plan de reestructuración, con **carácter general**.

- **6 meses a contar desde la fecha del auto de homologación** del plan de reestructuración, en el caso de que sobre dichos créditos se hubiese concedido un **aplazamiento o fraccionamiento** previamente.

Todos los créditos de derecho público deberán estar íntegramente satisfechos en un **plazo máximo de 18 meses desde la fecha de comunicación de la apertura de negociaciones**.

Los **acreedores de derecho público** afectados por el plan de reestructuración, tal y como recoge el artículo 671 del TRLC, **podrán instar la resolución del plan en cuanto a los créditos de derecho público en caso de incumplimiento**.

6.
EL RÉGIMEN ESPECIAL DE LOS PLANES DE RESTRUCTURACIÓN

Especialidades del derecho preconcursal para determinados deudores

En el derecho preconcursal se regulan, en los artículos 682 a 684 del TRLC, un conjunto de especialidades para los deudores persona jurídica o natural que desempeñen actividad empresarial o profesional que reúnan las siguientes condiciones:

- Que el número medio de trabajadores empleados durante el ejercicio anterior no sea superior a cuarenta y nueve personas.

- Que el volumen de negocios anual o balance general anual no supere los diez millones de euros.

Sin embargo, este régimen no será aplicable cuando la sociedad pertenezca a un grupo obligado a consolidar, **ni será aplicable** cuando el deudor tenga la condición de **microempresa** y deba quedar sujeto al procedimiento especial del libro tercero.

Estas especialidades las hemos ido desgranando a lo largo de los diferentes puntos del plan de reestructuración. No obstante, a continuación, las expondremos juntas para facilitar una visión global del mencionado régimen especial del derecho preconcursal.

Las especialidades previstas **respecto a la comunicación** son las siguientes:

- El **deudor deberá señalar en la comunicación** de inicio de las negociaciones con los acreedores, o la intención de iniciarlas inmediatamente, **que concurren las circunstancias para que se le aplique el régimen especial. Si no lo hiciese, la comunicación quedará sin efecto** y el deudor **no podrá volver a presentar otra nueva hasta transcurrido un año de la anterior.**

- **Efectuada la comunicación**, la tramitación de **solicitud de declaración de concurso** presentada por el deudor **no se podrá suspender a instancia de los acreedores, ni del experto en la reestructuración.**

- Los **efectos de la comunicación** de apertura de negociaciones a solicitud del deudor **solo podrán prorrogarse por una sola vez y,** en todo caso, **solo el deudor podrá solicitar la prórroga** de los efectos de la comunicación de apertura de negociaciones.

Por lo que se refiere a las especialidades respecto del plan de reestructuración, el legislador prevé para este tipo de deudores que **el plan de reestructuración pueda presentarse en modelo oficial,** este modelo se encuentra disponible en la sede judicial electrónica del Ministerio de Justicia junto con las directrices prácticas para cumplimentarlo.

Por otro lado, el **instrumento público en que se formalice dicho plan** de reestructuración tendrá la consideración de **documento sin cuantía** a los efectos de determinación de los honorarios del notario que lo autorice. De igual forma, los **folios de la matriz y de las primeras copias que se expidan no devengarán cantidad alguna.**

También se recoge como especialidad que **solo podrá solicitarse la homologación del plan de reestructuración si el deudor, o los socios de la sociedad deudora, en su caso, han aprobado el mismo.**

Por lo que se refiere a la **confirmación facultativa de las clases de acreedores,** esta solo podrá ser solicitada por el deudor.

Por último, si un **plan de reestructuración no ha sido aprobado por todas las clases de acreedores,** podrá ser **homologado igualmente si la clase o clases de acreedores que no lo hayan aprobado reciben un trato más favorable que cualquier otra clase de rango inferior.**

7.
REFERENCIA AL PROCEDIMIENTO ESPECIAL PARA MICROEMPRESAS Y AL PAPEL DEL EXPERTO EN REESTRUCTURACIÓN EN EL MARCO DEL MISMO

El procedimiento de insolvencia único para microempresas

La reforma concursal operada por la **Ley 16/2022, de 5 de septiembre,** supuso la incorporación de un **nuevo libro tercero al TRLC (artículos 685 a 720),** en el que se contiene una regulación específica dedicada a un sector de vital importancia para la economía española: las microempresas; quienes constituyen la inmensa mayoría de las empresas españolas y con respecto a las cuales el legislador consideraba que no habían funcionado adecuadamente los instrumentos antes vigentes.

Con ello, **se introduce un nuevo procedimiento especial adaptado a las necesidades de las microempresas,** en el que se simplifican al máximo los trámites y se reducen también los costes todo lo posible. Este **procedimiento de insolvencia tiene un carácter único,** en un doble sentido:

- Por medio de él, se tratan de encauzar tanto las situaciones concursales como preconcursales de las microempresas.

- Resulta de aplicación obligatoria para los deudores que sean microempresas en el sentido que define dicho libro tercero del TRLC.

Dicho procedimiento especial para microempresas **entró en vigor el 1 de enero de 2023, salvo el artículo 689.2 del TRLC** (relativo al nombramiento del administrador concursal), que entrará en vigor cuando se apruebe el correspondiente reglamento.

CUESTIONES

1. ¿Qué sucedió con las microempresas entre el 26 de septiembre de 2022 (fecha de entrada en vigor general de la Ley 16/2022, de 5 de septiembre) y el 1 de enero de 2023 (fecha de entrada en vigor del nuevo libro tercero del TRLC, que regula su procedimiento especial)?

La Ley 16/2022, de 5 de septiembre, estableció un régimen transitorio específico para las microempresas, de modo que hasta la entrada en vigor del nuevo libro tercero del TRLC, los concursos y preconcursos de las microempresas se regirían por los libros primero y segundo de la norma con las especialidades que establecen las disposiciones transitorias segunda y tercera.

Así, de acuerdo con la disposición transitoria segunda, mientras no entrara en vigor el libro tercero del TRLC:

– En caso de probabilidad de insolvencia de un microempresario en el sentido del artículo 685 del TRLC, este podría solicitar el nombramiento de un experto para recabar ofertas de adquisición de la unidad productiva.

– En los concursos de acreedores de microempresarios se aplicarían las siguientes especialidades:

» El deudor, aunque estuviera en situación de mera probabilidad de insolvencia, podría presentar solicitud de declaración de concurso, incluir en ella oferta de adquisición y también, a pesar de no hallarse en insolvencia actual o inminente, solicitar en cualquier momento durante la tramitación del procedimiento la liquidación de la masa activa.

» El deudor obligado a llevar contabilidad no tendría que acompañar a la solicitud de declaración de concurso los documentos contables o complementarios exigidos por los artículos 7 y 8 del TRLC ni que expresar la causa de la falta de presentación.

» El informe del administrador concursal, con el inventario y la relación de acreedores, debería presentarse dentro de los 10 días siguientes al fin del plazo para la comunicación de créditos por los interesados.

» Si el informe de evaluación del administrador concursal fuera favorable y no contuviera reservas, la propuesta de convenio presentada por el deudor se entendería que había obtenido las mayorías necesarias si el pasivo que representaran los acreedores adheridos fuera superior al pasivo de los acreedores que se hubieran opuesto a ella.

Por otra parte, mientras no entre en vigor el nuevo art. 689.2 del TRLC con la publicación del oportuno reglamento, el nombramiento del administrador concursal en el procedimiento especial para microempresas se llevará a cabo conforme al artículo 27 de la Ley Concursal de 2003 en su redacción anterior a la entrada en vigor de la Ley 17/2014, de 30 de septiembre (disposición transitoria tercera de la Ley 16/2022, de 5 de septiembre).

2. ¿Cómo se han de entender las referencias normativas posteriores a la reforma concursal operada por la Ley 16/2022, de 5 de septiembre?

Según la disposición adicional novena de la Ley 16/2022, de 5 de septiembre, desde la entrada en vigor de dicha norma, las referencias normativas a los acuerdos de refinanciación y, en su caso, a los acuerdos extrajudiciales de pagos, han de entenderse hechas a los planes de reestructuración regulados en el libro segundo del TRLC y, tratándose de microempresas, a los planes de continuación establecidos en el libro tercero del TRLC.

|| Ámbito de aplicación

Resultará de aplicación a los deudores que sean **personas naturales o jurídicas**, que lleven a cabo una **actividad empresarial o profesional** y reúnan las siguientes características (artículo 685.1 del TRLC):

- Haber empleado, durante el año anterior a la solicitud, una **media de menos de diez trabajadores**, requisito que se entenderá cumplido cuando el número de horas de trabajo realizadas por el conjunto de la plantilla sea igual o inferior al que habría correspondido a menos de diez trabajadores a tiempo completo.

- Tener un **volumen de negocio anual inferior a 700.000 euros o un pasivo inferior a 350.000 euros** según las últimas cuentas cerradas en el ejercicio anterior a la presentación de la solicitud.

A TENER EN CUENTA. En el caso de que la entidad formase parte de un grupo, estos criterios se computarán en base consolidada.

Dicho procedimiento especial **afectará a todos los bienes y derechos integrados en el patrimonio** del deudor en la fecha de apertura del procedimiento especial y los que se reintegren en el mismo o adquiera durante el procedimiento, con exclusión, en su caso, de los bienes y derechos legalmente inembargables.

CUESTIONES

1. ¿Qué sucederá si el deudor está casado?

Si estuviese casado, se aplicarían las previsiones generales sobre régimen económico matrimonial del capítulo I del título IV del libro primero del TRLC.

2. ¿Afectará a todos sus acreedores?

Sí, el procedimiento especial afectará a todos los acreedores del deudor, independientemente del origen o naturaleza de la deuda (artículo 685.4 del TRLC).

3. ¿Las microempresas podrán acudir al concurso o al preconcurso de los libros primero y segundo del TRLC?

No, puesto que el procedimiento especial que regula el libro tercero del TRLC es único y las microempresas solo podrán acceder a él.

Ahora bien, las personas físicas que tengan la condición de microempresa en los términos que define el libro tercero del TRLC, además de acceder a este procedimiento especial también podrán solicitar, en su caso, la exoneración del pasivo insatisfecho conforme al libro primero del TRLC (artículos 700 y 715 del TRLC).

|| Formas de tramitación del procedimiento especial

El procedimiento especial para microempresas podrá tramitarse de dos modos (artículo 685.5 del TRLC):

- Como **procedimiento de continuación**.

- Como **procedimiento de liquidación con o sin transmisión de la empresa en funcionamiento**.

‖ Presupuesto objetivo para su aplicación

Para que pueda aplicarse este procedimiento especial, según prevé el artículo 686.1 del TRLC, será necesario que las microempresas se encuentren en **probabilidad de insolvencia** o bien estado de **insolvencia inminente o actual.**

Es más, el **deudor tendrá el deber legal de solicitar su apertura dentro de los dos meses siguientes a la fecha en que hubiese conocido o debido conocer el estado de insolvencia actual.** Salvo prueba en contrario, «se presumirá que el deudor ha conocido que se encuentra en estado de insolvencia actual cuando hubiera acaecido alguno de los hechos que pueden servir de fundamento a una solicitud de cualquier otro legitimado» (artículo 686.2 del TRLC).

Ahora bien, en el caso del **procedimiento especial de liquidación sin transmisión de la empresa en funcionamiento** será precisa la existencia de:

- **Insolvencia actual o inminente,** si lo solicita el deudor.

- **Insolvencia actual,** si lo solicitan legitimados distintos del deudor.

Finalmente, conviene tener en cuenta que, si **al menos el 85 % de los créditos correspondiesen a acreedores públicos,** el procedimiento solo se podrá tramitar como **procedimiento de liquidación.**

‖ Principales reglas procesales y características

El procedimiento especial para microempresas se caracteriza por una simplificación procesal máxima, que busca dotarlo de una mayor agilidad y reducir sus costes:

- Las comparecencias, declaraciones, vistas y, en general, todos los actos procesales se realizarán mediante **presencia telemática.**

- Los actos de comunicación se realizarán por medios electrónicos con la cumplimentación de los **formularios normalizados** que en su caso exija la ley.

- Como regla general, y salvo previsión expresa en contrario en el libro tercero del TRLC, el **juez podrá dictar resolución al finalizar la vista de manera oral,** que se documentarán en el modo que prevé el artículo 687.3 del TRLC.

- En materia de **recursos,** se prevé lo siguiente con carácter general:

  • Contra los autos y sentencias dictadas en el procedimiento especial no cabrá recurso alguno, salvo que se establezca lo contrario en el libro tercero del TRLC.

  • Contra los decretos del LAJ podrá interponerse recurso directo de revisión.

  • Los recursos no tendrán efectos suspensivos, sin perjuicio de la facultad del juez de acordar la suspensión de las actuaciones que puedan ser afectadas por su resolución conforme a la legislación procesal civil.

- La participación del deudor en el procedimiento especial requerirá **abogado y procurador**.
- Se potencia la **proactividad de las partes**. La adopción de medidas concretas o el acceso a cierta información debe ser solicitado por los interesados, evitándose los costes innecesarios. Además, se crea un sistema dinámico de acceso a la información por parte de los acreedores.
- **Régimen supletorio.** El artículo 689.1 del TRLC prevé que se aplicará supletoriamente lo establecido en los **libros primero y segundo (concursal y preconcursal), con las adaptaciones necesarias** para acomodar los principios que presiden el procedimiento especial y las reglas que integran su regulación.

A TENER EN CUENTA. A efectos del **nombramiento del administrador concursal**, los procedimientos especiales para microempresas se integrarán en la clase de concursos que les corresponda de acuerdo con lo dispuesto en el libro primero, realizándose el nombramiento, en defecto de acuerdo entre los acreedores o el deudor, según lo previsto para dicha clase. La retribución del administrador concursal también se regirá por lo dispuesto en el libro primero (artículo 689.2 del TRLC).

|| Su tramitación

El procedimiento especial para microempresas **se basa en dos elementos: la negociación y el modo en que esta termine**. Se contempla un período de negociación de tres meses no prorrogables, durante los cuales se suspenden las ejecuciones singulares y se puede preparar un plan de continuación o la enajenación de la empresa en funcionamiento. Finalizado dicho plazo, se inicia un procedimiento formal, pero con una configuración flexible y una reducción al máximo de los costes.

Por otra parte, se establecen **dos posibles itinerarios** para ese procedimiento, según lo antes apuntado:

- Un procedimiento de **liquidación**.
- Un procedimiento de **continuación**.

A TENER EN CUENTA. Los autónomos podrán acceder, en su caso, al procedimiento de exoneración del pasivo insatisfecho o segunda oportunidad a partir de cualquiera de los dos itinerarios.

No entraremos en el estudio exhaustivo de la tramitación del procedimiento especial para microempresas, por no ser el objeto de esta obra, pero sí creemos necesario apuntar algunas notas básicas acerca de su sustanciación, necesarias para una mejor comprensión de su funcionamiento. Las estructuraremos en tres apartados:

- Negociación y apertura del procedimiento especial.
- Procedimiento de continuación.
- Procedimiento de liquidación.

7.1. Negociación y apertura del procedimiento especial (artículos 690 y siguientes del TRLC)

Cualquier microempresa podrá comunicar al juzgado competente para la declaración de concurso la apertura de negociaciones con los acreedores para acordar un plan de continuación o una liquidación con transmisión de la empresa en funcionamiento, siempre que se encuentre en **probabilidad de insolvencia, insolvencia inminente o insolvencia actual.**

Se aplicará el **régimen jurídico previsto en los capítulos I y II del título II del libro segundo** del TRLC, pero con **especialidades:**

- Las referencias al concurso de acreedores se entenderán hechas al **procedimiento especial del libro tercero.**

- **No será preceptivo el nombramiento de experto en el período de negociaciones abierto a solicitud del deudor.**

- Los **efectos de la comunicación de apertura de negociaciones no podrán prorrogarse.**

Durante el período de negociaciones y hasta que transcurran tres meses desde la fecha de la comunicación, no se admitirán a trámite las solicitudes de procedimiento especial presentadas por legitimados distintos del deudor, y las previas no admitidas a trámite quedarán en suspenso. Se proveerán después de que se solicite la apertura.

Podrán solicitar la apertura del procedimiento especial:

- El **deudor** en situación de **probabilidad de insolvencia o de insolvencia inminente o actual.**

- Los **acreedores y los socios personalmente responsables** de las deudas del deudor en estado de **insolvencia actual.**

Entre otras cuestiones, en el formulario normalizado de solicitud que a estos efectos se presente, deberá contenerse la elección de un procedimiento de continuación o de uno de liquidación, así como la elección de alguno de los **módulos o medidas no obligatorias que la ley permite solicitar** (se regulan en los artículos 701 y siguientes para el procedimiento especial de continuación, y en los artículos 712 y siguientes para el procedimiento especial de liquidación).

A TENER EN CUENTA. El artículo 704 del TRLC contempla, en el marco del procedimiento especial de continuación, la posibilidad de que se solicite el nombramiento de un experto en la reestructuración; y que el artículo 714 del TRLC permite, en el marco del procedimiento especial de liquidación, la solicitud de nombramiento de un experto para la valoración de la empresa o de establecimientos mercantiles.

Una vez tramitada la solicitud en los términos que establece el libro tercero del TRLC, se realizará la apertura del procedimiento especial mediante auto, en el que, entre otros extremos, se incluirá el tipo de procedimiento especial de que se trate. Ahora bien, los acreedores que representen ciertos porcentajes del pasivo podrán, en determinados supuestos, solicitar la conversión del procedimiento especial de continuación en uno de liquidación (artículo 693 del TRLC).

Finalmente, el TRLC prevé, asimismo, el régimen de las **acciones para incrementar el patrimonio a disposición de los acreedores**:

– **Acciones rescisorias (artículo 695 del TRLC).**

   • Desde la comunicación de apertura del procedimiento especial y durante los 30 días hábiles siguientes, los acreedores y los socios personalmente responsables de las deudas del deudor podrán comunicar cualquier información relevante a los efectos del ejercicio de acciones rescisorias contra actos del deudor, conforme a las reglas de la sección 1.ª del capítulo IV del título IV del libro primero del TRLC.

   • Dentro de los 45 días siguientes a la comunicación de apertura del procedimiento especial, los acreedores cuyos créditos representen al menos el 20 % del pasivo total podrán solicitar el nombramiento de un experto en la reestructuración o un administrador concursal a los efectos del ejercicio de acciones rescisorias. Los acreedores que representen un porcentaje mayor del que ha solicitado el nombramiento pueden oponerse al mismo, salvo que los solicitantes asuman íntegramente la retribución del experto o del administrador concursal.

   • Si ya hubiese un experto en la reestructuración o un administrador concursal en el procedimiento especial, acreedores que representen al menos el 10 % del pasivo total podrán solicitar de él el ejercicio de la acción rescisoria y, en caso de negativa o de falta de respuesta, los acreedores solicitantes estarán legitimados subsidiariamente para hacerlo ellos (litigarán a su costa).

   • Esta acción no suspenderá el normal desarrollo del procedimiento especial y solo podrá ser presentada en caso de insolvencia actual del deudor. Puede ser objeto de cesión a un tercero y, en caso de procedimiento especial de continuación, su ejercicio puede incluirse en el plan de continuación.

– **Acciones de responsabilidad (artículo 696 del TRLC).** Se aplicarán las reglas anteriores para el ejercicio de acciones dirigidas a exigir responsabilidad civil contra los administradores, liquidadores o auditores de la sociedad.

CUESTIONES

1. ¿El deudor tiene obligación de solicitar la apertura del procedimiento especial si pasan los tres meses del período de negociaciones y se encuentra en situación de insolvencia actual?

Sí, pasados los tres meses del período de negociaciones, el deudor en insolvencia actual deberá solicitar la apertura del procedimiento especial dentro de los cinco días hábiles siguientes.

Además, también deberá solicitar la apertura del procedimiento especial en el plazo de un mes, una vez transcurridos los tres meses de incumplimiento en el pago a que se refiere el artículo 2.4.5.° del TRLC.

2. ¿Quiénes podrán solicitar el nombramiento de un experto en la reestructuración en el marco de un procedimiento especial de continuación y en qué momento podrán hacerlo?

Conforme al artículo 704 del TRLC, podrán solicitar su nombramiento en cualquier momento del procedimiento, mediante formulario normalizado habilitado al efecto:

– El deudor o acreedores cuyos créditos representen al menos el 20 % del pasivo total podrán solicitar su nombramiento con funciones de intervención de las facultades de administración y disposición del deudor.

– Los acreedores cuyos créditos representen al menos el 40 % del pasivo total podrán solicitar su nombramiento con funciones de sustitución de las facultades de administración y disposición del deudor, siempre que el deudor se encuentre en situación de insolvencia actual.

3. ¿Quiénes podrán solicitar el nombramiento de un experto para la valoración de la empresa o de establecimientos mercantiles en el procedimiento especial de liquidación?

Conforme al artículo 714.1 del TRLC, el deudor, los acreedores o, excepcionalmente en casos de complejidad especial, el administrador concursal, podrán solicitar el nombramiento de un experto a los solos efectos de la valoración de la empresa o de una o más de sus unidades productivas.

2. Procedimiento de continuación (artículos 697 y siguientes del TRLC)

En el procedimiento de continuación es un procedimiento abreviado en el que el deudor y sus acreedores pueden alcanzar una solución acordada a la insolvencia, con independencia de la situación patrimonial del deudor.

El **plan de continuación podrá ser presentado por el deudor o por los acreedores** con la solicitud de apertura del procedimiento especial o en los diez días hábiles siguientes a la declaración de apertura. La falta de presentación en plazo supone la automática conversión del procedimiento en uno de liquidación, salvo que el deudor no estuviese en estado de insolvencia actual, caso en que podrá formular oposición (la resolución judicial estimatoria de su oposición determinará la conclusión del procedimiento especial).

La **tramitación posterior** de la propuesta del plan incluirá la comunicación electrónica de la propuesta del plan a los acreedores por parte del deudor, un período de alegaciones y de solicitud de inclusión de nuevos créditos, otro de votación y la posterior aprobación y homologación judicial del plan, de conformidad con lo establecido en el libro tercero del TRLC.

Por lo demás, cabe destacar lo siguiente:

– El plan de continuación se considerará cumplido cuando pasados 30 días naturales del plazo del último pago previsto, ningún acreedor hubiera solicitado la declaración de incumplimiento.

– La frustración del plan supondrá la apertura del procedimiento especial de liquidación, siempre que el deudor se encuentre en situación de insolvencia actual.

> **A TENER EN CUENTA.** En todos los casos de **frustración del plan de continuación**, si el deudor fuera **persona física**, podrá solicitar la **exoneración del pasivo insatisfecho** conforme a lo previsto en el libro primero del TRLC.

CUESTIONES

1. Si se presentan varias propuestas de plan de continuación, ¿por qué orden se tramitarán?

En caso de presentarse más de una propuesta, se tramitará en primer lugar la del deudor y, entre las formuladas por los acreedores, se atenderá al orden temporal de presentación.

2. ¿Dónde se especifica el contenido que ha de tener el plan de continuación?

El contenido del plan de continuación se regula en el artículo 697 ter del TRLC.

3. ¿Qué créditos podrán ser afectados por el plan de continuación?

Cualquier crédito, incluidos los contingentes y sometidos a condición, puede ser afectado por el plan de continuación, salvo ciertos créditos, como, por ejemplo, los de alimentos derivados de una relación familiar, los derivados de relaciones laborales que no sean del personal de alta dirección, la parte privilegiada de los créditos públicos ni ciertos porcentajes de las cuotas de la seguridad social. La relación completa de créditos excluidos se recoge en el artículo 698.3 del TRLC.

4. ¿Cabe una homologación judicial tácita del plan de continuación?

Cuando haya transcurrido el plazo legalmente concedido al efecto (artículo 698 bis.1 del TRLC), sin que ni el deudor ni ningún acreedor solicitase un pronunciamiento judicial expreso sobre la homologación, «el plan se considerará tácitamente homologado» (artículo 698 bis.2 del TRLC). En caso de considerarlo necesario, el deudor o cualquier interesado podrá obtener una declaración de homologación tácita del juzgado competente.

Sin embargo, la homologación tácita no será posible cuando la aprobación del plan se hubiese conseguido con una mayoría del pasivo cuyo voto se considerase positivo por ausencia de voto y también será obligatoria la homologación judicial si se incluyen créditos de los acreedores públicos en el plan.

5. En el marco de la homologación judicial del plan, ¿el juez podrá solicitar un informe de un experto en la reestructuración?

Sí, a tenor del artículo 698 bis.5 del TRLC, el juez podrá solicitar un informe de un experto en la reestructuración sobre el valor del deudor como empresa en funcionamiento cuando lo considere necesario y, en todo caso, cuando una clase de acreedores afectados por el plan haya votado en contra. En tal caso, el plazo máximo para resolver será de 20 días hábiles.

6. Si en el procedimiento especial de continuación se hubiese nombrado un experto en la reestructuración, ¿qué sucederá con él cuando termine el procedimiento de continuación?

Si, en el procedimiento especial de continuación, se hubiese nombrado un experto en la reestructuración, la terminación del procedimiento de continuación implicará su cese automático (artículo 699 bis.5 del TRLC).

3. Procedimiento de liquidación (artículos 705 y siguientes del TRLC)

El procedimiento especial de liquidación se concibe como un instrumento sencillo, rápido y flexible para que las microempresas puedan terminar ordenadamente con su proyecto empresarial cuando este, por el motivo que sea, no haya resultado exitoso.

Se abrirá cuando **se haya solicitado por el deudor o por un acreedor**, y también cuando **no se haya aprobado un plan de continuación, no se haya homologado el plan aprobado o este se haya incumplido**, siempre que en estos tres supuestos el deudor esté en situación de **insolvencia actual**. Además, se procederá en todo caso a la apertura del procedimiento especial de liquidación en el supuesto del **artículo 699 *quáter*** del TLRC (cuando el deudor no esté al corriente en sus obligaciones tributarias o con la Seguridad Social, siempre que su devengo sea posterior al auto de apertura).

Tras la apertura del procedimiento de liquidación, se prevé un plazo para que puedan efectuarse alegaciones en relación con los créditos y el inventario, y solicitarse la inclusión de nuevos créditos, configurándose así un **sistema ágil para la determinación de las masas activa y pasiva**.

Con posterioridad, **se tramitará el plan de liquidación** en los términos que regula el libro tercero del TRLC, pudiéndose destacar lo siguiente:

- En la solicitud de apertura del procedimiento especial de liquidación, el deudor deberá señalar su disposición para liquidar el activo o, por el contrario, solicitará el nombramiento de un administrador concursal.

- Desde la apertura voluntaria de la liquidación, el deudor o, en su caso, el administrador concursal, tendrán un plazo de 20 días hábiles para la **presentación de un plan de liquidación a través de formulario normalizado**; en el que se deberán exponer, motivadamente, los tiempos y la forma previstos para la liquidación del activo, de manera individualizada para cada bien o categoría de bienes genéricos.

- El plan se comunicará por medios electrónicos a los acreedores.

- Posteriormente, se abrirá un período en el que podrán formularse observaciones y propuestas de modificación.

- El deudor o, en su caso, la administración concursal efectuará las modificaciones que estime oportunas; luego, se notificará el plan modificado o la ausencia de modificaciones a los acreedores y, en su caso, al deudor y los representantes de los trabajadores.

- Cabrá, en caso de desacuerdo, la posibilidad de impugnación del plan de liquidación.

- El deudor o la administración concursal podrá solicitar del juez la modificación del plan aprobado en cualquier momento, si se estima conveniente para la mayor y más rápida satisfacción de los acreedores.

- Por último, comenzarán las operaciones de liquidación, que se habrán de realizar dentro de determinados plazos.

– Cada mes, a contar desde la apertura de la liquidación, el deudor o la administración concursal, según corresponda, presentarán un informe sobre el estado de las operaciones de liquidación.

Cuando se trate de un **deudor empresario o profesional que sea persona física, una vez terminada la liquidación y distribuido el remanente, podrá solicitar la exoneración del pasivo insatisfecho** conforme a lo previsto en el libro primero del TRLC si reúne los requisitos para ello.

Por último, y por lo que se refiere a la conclusión del procedimiento especial de liquidación, resulta necesario destacar que la pieza central de la misma será el informe final de liquidación que habrán de presentar el deudor o la administración concursal.

CUESTIONES

1. ¿Dónde se regula el contenido del plan de liquidación?

El plan de liquidación deberá contener lo previsto en el artículo 707.3 del TRLC.

2. ¿Se prevé límite temporal para la ejecución de las operaciones de liquidación?

Sí, la ejecución de las operaciones de liquidación previstas en el plan no podrá durar más de tres meses, prorrogables por un mes adicional a petición del deudor o de la administración concursal (artículo 708.4 del TRLC).

Cuando por circunstancias extraordinarias un bien o derecho no pueda ser objetivamente liquidado en dicho plazo, el deudor persona física o el administrador concursal lo comunicarán al juez, junto con un plan para su realización, en los términos que prevé el artículo 708.5 del TRLC.

3. ¿Cómo se efectuará la liquidación de bienes individuales o categorías genéricas de bienes?

Según el artículo 708.4 del TRLC, la liquidación de bienes individuales o de categorías genéricas de bienes se producirá a través del sistema de plataforma electrónica previsto al efecto, y complementariamente mediante entidad especializada, a menos que se justifique debidamente conforme a criterios objetivos.

4. ¿Cómo se llevará a cabo la transmisión de la empresa o de sus unidades productivas?

Se realizará con sujeción a las reglas del libro primero del TRLC, con las especialidades previstas en el artículo 710 del TRLC.

5. ¿Qué precepto regula las normas aplicables con respecto a los créditos frente a terceros?

El artículo 711 del TRLC establece las reglas aplicables en relación con los créditos frente a terceros.

6. ¿Cómo será la calificación del procedimiento especial?

La calificación del procedimiento especial será abreviada y presentará ciertas especialidades frente a la calificación del concurso, que se regulan en los artículos 716 a 718 del TRLC.

7. ¿Cuándo procederá la conclusión del procedimiento?

La conclusión del procedimiento especial con el archivo de las actuaciones procederá en los supuestos que establece el artículo 720.1 del TRLC.

8. ¿Qué sucederá si se cierra el procedimiento especial cuando se compruebe la insuficiencia de la masa activa para satisfacer créditos contra la masa, si los bienes del deudor no se hubiesen liquidado íntegramente?

Se mantendrá en la plataforma, que continuará realizando pagos periódicos a los acreedores a medida que se vayan produciendo las ventas de los activos, según las reglas generales del libro primero del TRLC y conforme a la lista final de créditos insatisfechos aportada a la plataforma por el deudor o por el administrador concursal en el momento de conclusión del procedimiento especial de liquidación (artículo 720.1.3.º del TRLC).

Los gastos necesarios para la conservación de estos bienes se satisfarán también con cargo al producto obtenido de la venta.

ANEXOS.
FORMULARIOS

Escrito solicitando el nombramiento de experto en la reestructuración

AUTOS: [NÚMERO]

EMPRESA: [NOMBRE_EMPRESA]

AL JUZGADO DE LO MERCANTIL N.º [NÚMERO] DE [LOCALIDAD] (3)

D./D.ª [NOMBRE_PROCURADOR], procurador de los Tribunales n.º [NÚMERO_CO-LEGIADO], en nombre y representación de D./D.ª [NOMBRE_DEUDOR], según consta en autos y bajo la dirección letrada de D./D.ª [NOMBRE_ABOGADO], ante el juzgado comparezco y como mejor proceda en Derecho,

DIGO

Que, por medio del presente escrito y en virtud del artículo 672 del Texto Refundido de la Ley Concursal (en adelante, TRLC), vengo a solicitar el **NOMBRAMIENTO DE EXPERTO EN LA REESTRUCTURACIÓN** en base a los siguientes,

HECHOS

PRIMERO.- Con fecha [FECHA] se comunicó a este juzgado la apertura de negociaciones que se tuvo por presentada mediante decreto del LAJ de [FECHA] con formación de los correspondientes autos.

SEGUNDO.- Con el fin de que asesore a esta parte en las negociaciones y en la elaboración del plan de reestructuración solicitamos que se nombre a D./D.ª [NOMBRE], con DNI [NÚMERO] y domicilio en [DIRECCIÓN] como experto de la reestructuración. Se propone a la persona referenciada por cumplir las condiciones establecidas en el art. 674 del TRLC, ya que el mismo [DESCRIPCIÓN].

TERCERO.- En cumplimiento del art. 672.2 del TRLC, se acompañan a esta solicitud los siguientes documentos:

- Escrito razonando que el experto reúne las condiciones establecidas en la ley para el ejercicio del cargo.
- Aceptación del nombramiento por el experto para el caso de ser designado, así como la aceptación del importe y los plazos de devengo de la retribución que se ha pactado. Documento n.º [NÚMERO].
- Copia de la póliza de seguro de responsabilidad civil (o garantía equivalente) que tiene vigente para responder de posibles daños que el experto pudiera causar en el ejercicio de las funciones propias del cargo. Documento n.º [NÚMERO].

CUARTO.- En la persona propuesta no concurre ninguna de las incompatibilidades ni prohibiciones que se recogen en el art. 675 del TRLC **(1).**

FUNDAMENTOS DE DERECHO

I. -JURISDICCIÓN Y COMPETENCIA

Corresponde el conocimiento al juzgado que me dirijo conforme al art. 87 de la LOPJ y a los arts. 44 y 45 del TRLC.

II.- POSTULACIÓN

Esta parte actúa representada por procurador y asistida de abogado conforme a los arts. 23 y 31 de la LEC.

III.- LEGITIMACIÓN

Esta parte se encuentra legitimada conforme a lo dispuesto en el art. 672.1.1.º del TRLC, donde se señala que:

«1. El nombramiento de experto en la reestructuración solo procederá en los siguientes casos:
1.º Cuando lo solicite el deudor (...)» **(2).**

IV.- FONDO

El deudor solicita el nombramiento de experto en reestructuración, siguiendo lo dispuesto en el art. 672 del TRLC, y propone a persona que cumple las condiciones subjetivas que establece el art. 674 del TRLC:

«El nombramiento de experto deberá recaer en la persona natural o jurídica, española o extranjera, que tenga los conocimientos especializados, jurídicos, financieros y empresariales, así como experiencia en materia de reestructuraciones o que acredite cumplir los requisitos para ser administrador concursal conforme a esta ley. Cuando la reestructuración que se pretende conseguir tuviera particularidades, bien por el sector en el que opera el deudor, bien por las dimensiones o la complejidad del activo o del pasivo, bien por la existencia de elementos transfronterizos, estas particularidades deberán ser tenidas en cuenta para el nombramiento del experto».

Será el juez el encargado del nombramiento del experto por medio de auto conforme a lo señalado en el art. 676 del TRLC, el cual establece lo siguiente:

«1. El nombramiento de experto deberá ser realizado por el juez y recaerá en la persona que, reuniendo las condiciones establecidas en esta ley, hubieran propuesto el deudor o los acreedores que hubieran formulado la solicitud.
2. Si el juez considerase, y así lo razonara, que el propuesto no reúne las condiciones establecidas en esta ley para el ejercicio de las funciones propias del cargo, solicitará a quien lo hubiera propuesto que, en el plazo de dos días, presente terna de posibles expertos de entre los que efectuará el nombramiento, siempre que reúnan esas condiciones.
3. En los casos en los que el nombramiento recaiga en alguno de los que figuren en la terna, el nombramiento del experto será comunicado por el juzgado al designado por el medio más rápido. Dentro de los dos días siguientes a la recepción de la comunicación, el experto deberá comparecer ante el juzgado para aceptar o rechazar el cargo, con copia del documento en el que conste la retribución pactada y de la póliza de seguro de responsabilidad civil o garantía equivalente que tuviere vigente para responder de posibles daños que pudiera causar en el ejercicio de las funciones propias del cargo. La aceptación es voluntaria. Si el nombrado no aceptara o no compareciera, el juez procederá de inmediato a nuevo nombramiento, sin que esta circunstancia tenga consecuencia alguna para el experto inicialmente designado».

Por todo lo anterior,

SUPLICO AL JUZGADO:

Que tenga por presentado este escrito y documentos adjuntos, los admita y tenga por presentada **SOLICITUD DE NOMBRAMIENTO DE EXPERTO EN LA REESTRUCTURACIÓN** y, previos los trámites oportunos, dicte auto por el que se nombre a D./D.ª [NOMBRE] experto en la reestructuración.

Por ser justicia que pido, en [LUGAR], a [FECHA].

Letrado D./D.ª [NOMBRE]

[NUMEROCOLEGIADO ABOGADO_CLIENTE]

Procurador D./D.ª [NOMBRE]

[NUMEROCOLEGIADO_PROCURADOR_CLIENTE]

---

(1) El art. 675 del TRLC establece lo siguiente:

«No podrán ser propuestos ni nombrados expertos en la reestructuración y, en caso de ser nombrados, no podrán aceptar las siguientes personas:

1.º Quienes hayan prestado servicios profesionales relacionados con la reestructuración al deudor o a personas especialmente relacionadas con esta en los últimos dos años, salvo que se prestaran como consecuencia de haber sido nombrado experto en una reestructuración previa.

2.º Quienes se encuentren en alguna de las situaciones de incompatibilidad previstas en la legislación en materia de auditoría de cuentas en relación con el deudor o las personas especialmente relacionadas con este».

(2) El art. 672.1 del TRLC, en cuanto a la solicitud de nombramiento de experto en la reestructuración, señala lo siguiente:

«1. El nombramiento de experto en la reestructuración solo procederá en los siguientes casos:

1.º Cuando lo solicite el deudor.

2.º Cuando lo soliciten acreedores que representen más del cincuenta por ciento del pasivo que, en el momento de la solicitud, pudiera quedar afectado por el plan de reestructuración. En la solicitud, los acreedores, o algunos de ellos, deberán asumir expresamente la obligación de satisfacer la retribución del experto. La asunción de la obligación de pago quedará sin efecto si en el plan de reestructuración homologado por el juez se previera expresamente que la retribución del experto fuera a cargo del deudor.

3.º Cuando, solicitada por el deudor la suspensión general de ejecuciones singulares o la prórroga de esa suspensión, el juez considerase, y así lo razonara, que el nombramiento es necesario para salvaguardar el interés de los posibles afectados por la suspensión.

4.º Cuando el deudor o cualquier legitimado solicite la homologación judicial de un plan de reestructuración cuyos efectos se extiendan a una clase de acreedores o a los socios que no hubieran votado a favor del plan».

(3) Por la reforma realizada por la LO 1/2025, de 2 de enero, una vez implantados de forma efectiva los tribunales de instancia (D.T. 1.ª), todas las referencias realizadas a los juzgados unipersonales se entenderán realizadas a las secciones del orden jurisdiccional correspondiente de los tribunales de instancia.

Demanda incidental de impugnación nombramiento experto en la reestructuración (art. 677 del TRLC)

AUTOS: [NÚMERO]

EMPRESA: [NOMBRE_EMPRESA]

AL JUZGADO DE LO MERCANTIL N.º [NÚMERO] DE [LOCALIDAD] (1)

Don/Doña [NOMBRE_PROCURADOR], procurador/a de los tribunales n.º [NÚMERO_COLEGIADO], en nombre y representación de don/doña [NOMBRE_DEUDOR], según se acredita mediante poder [APUD ACTA/NOTARIAL] y bajo la dirección letrada de don/doña [NOMBRE_ABOGADO], ante el juzgado comparezco y como mejor proceda en derecho,

DIGO

Que teniendo conocimiento esta parte de auto de [FECHA], por el que se nombra experto en la reestructuración a don/doña [NOMBRE], con DNI [NÚMERO], en virtud de lo dispuesto en el art. 677 del TRLC, vengo a interponer **DEMANDA DE INCIDENTE CONCURSAL DE IMPUGNACIÓN DE NOMBRAMIENTO DE EXPERTO EN LA REESTRUCTURACIÓN**, y ello con base en los siguientes,

HECHOS

PRIMERO.- El [FECHA] se dicta auto por el que se nombra a don/doña [NOMBRE], con DNI [NÚMERO], como experto en la reestructuración.

SEGUNDO.- El mismo no puede ejercer el cargo de experto, ya que [DESCRIPCIÓN] **(2)**.

TERCERO.- Mi representado/a, por ser [DESCRIPCIÓN] y, por ello, tener interés legítimo en el concurso, impugna este nombramiento conforme a lo establecido en la ley.

FUNDAMENTOS DE DERECHO

I.- JURISDICCIÓN Y COMPETENCIA

Corresponde el conocimiento al juzgado **(1)** al que me dirijo conforme al artículo 87 **(3)** de la LOPJ y a los arts. 44 y 45 del TRLC.

II.- POSTULACIÓN

Esta parte actúa representada por procurador/a y asistida de abogado/a conforme a los arts. 23 y 31 de la LEC **(4)**.

III.- LEGITIMACIÓN

Esta parte se encuentra legitimada conforme a lo dispuesto en el art. 677 del TRLC.

IV.- PROCEDIMIENTO

De acuerdo con lo dispuesto en el apartado 2 del art. 677 del TRLC, la impugnación se tramitará por los cauces de incidente concursal, esto es, por los trámites de los arts. 532 a 543 del TRLC.

V.- FONDO

Se impugna el nombramiento del experto conforme a lo señalado en el art. 677 del TRLC, donde se establece lo siguiente:

«1. El nombramiento como experto de quien no reúna las condiciones establecidas en esta ley, incurra en alguna incompatibilidad o prohibición, o de quien no tenga cobertura o garantía adecuada podrá ser impugnado en cualquier momento por quien acredite interés legítimo.

2. La impugnación se tramitará por los cauces del incidente concursal».

En lo que se refiere a las condiciones establecidas para que una persona pueda ser nombrado experto en la reestructuración, debemos estar a lo dispuesto en el art. 674 del TRLC, el cual establece:

«El nombramiento de experto deberá recaer en la persona natural o jurídica, española o extranjera, que tenga los conocimientos especializados, jurídicos, financieros y empresariales, así como experiencia en materia de reestructuraciones o que acredite cumplir los requisitos para ser administrador concursal conforme a esta ley. Cuando la reestructuración que se pretende conseguir tuviera particularidades, bien por el sector en el que opera el deudor, bien por las dimensiones o la complejidad del activo o del pasivo, bien por la existencia de elementos transfronterizos, estas particularidades deberán ser tenidas en cuenta para el nombramiento del experto».

Por lo que se refiere a las incompatibilidades y prohibiciones, las mismas se recogen en el art. 675 del TRLC:

«No podrán ser propuestos ni nombrados expertos en la reestructuración y, en caso de ser nombrados, no podrán aceptar las siguientes personas:

1.º Quienes hayan prestado servicios profesionales relacionados con la reestructuración al deudor o a personas especialmente relacionadas con esta en los últimos dos años, salvo que se prestaran como consecuencia de haber sido nombrado experto en una reestructuración previa.

2.º Quienes se encuentren en alguna de las situaciones de incompatibilidad previstas en la legislación en materia de auditoría de cuentas en relación con el deudor o las personas especialmente relacionadas con este».

Por todo lo anterior,

SUPLICO AL JUZGADO:

Que tenga por presentado este escrito y documentos adjuntos, los admita y tenga por presentada **DEMANDA DE INCIDENTE CONCURSAL DE IMPUGNACIÓN DE NOMBRAMIENTO DE EXPERTO EN LA REESTRUCTURACIÓN** y, previos los trámites oportunos, dicte auto por el que se nombre a don/doña [NOMBRE] experto en la reestructuración.

Por ser justicia que pido,

En [LUGAR], a [FECHA].

Letrado/a don/doña [NOMBRE] [NOMBRE]   Procurador/a don/doña

[NUMEROCOLEGIADO ABOGADO_CLIENTE]   [NUMEROCOLEGIADO_PRO-CURADOR_CLIENTE]

---

(1) Por la reforma realizada por la LO 1/2025, de 2 de enero, una vez implantados de forma efectiva los tribunales de instancia (D.T. 1.ª), todas las referencias realizadas a los juzgados unipersonales se entenderán realizadas a las secciones del orden jurisdiccional correspondiente de los tribunales de instancia.

(2) Hacer referencia a alguna de las causas de impugnación que recoge el art. 677 del TRLC:
- No reunir las condiciones del art 674 del TRLC.
- Incurra en alguna incompatibilidad del art 675 del TRLC.
- No tenga cobertura o garantía adecuada.

(3) Tras la modificación operada por la LO 1/2025, de 2 de enero, en vigor en este punto a partir del 23 de enero de 2025, se suprime el artículo 86 ter de la LOPJ y las referencias a la competencia del juez del concurso se contemplan ahora en el artículo 87 de la LOPJ.

(4) Los artículos 23 y 31 de la LEC han sido modificados por la LO 1/2025, de 2 de enero, en vigor a partir del 3 de abril de 2025.

Escrito solicitando la sustitución del experto en la reestructuración (art. 678 del TRLC)

AUTOS: [NÚMERO]

EMPRESA: [NOMBRE_EMPRESA]

AL JUZGADO DE LO MERCANTIL N.º [NÚMERO] DE [LOCALIDAD] (2)

D./D.ª [NOMBRE_PROCURADOR], procurador/a de los Tribunales n.º [NÚMERO_COLEGIADO], en nombre y representación de D./D.ª [NOMBRE] CON DNI [NÚMERO] y domicilio en [DIRECCIÓN], según se acredita mediante poder [APUD ACTA/NOTARIAL] y bajo la dirección letrada de D./D.ª [NOMBRE_ABOGADO], ante el juzgado comparezco y como mejor proceda en Derecho,

DIGO

Que por medio del presente escrito y en virtud del artículo 678 del Texto Refundido de la Ley Concursal (en adelante, TRLC), vengo a solicitar la **SUSTITUCIÓN DEL EXPERTO EN LA REESTRUCTURACIÓN** en base a los siguientes,

HECHOS

PRIMERO.- Con fecha [FECHA], se comunicó a esta parte el auto por el que se nombra a D./D.ª [NOMBRE], con DNI [NÚMERO], como experto en la reestructuración.

SEGUNDO.- No están conformes con el nombramiento [ENUMERACIÓN DE LOS ACREEDORES], que representan el [PORCENTAJE] % de los acreedores **(1)**.

TERCERO.- Esta parte solicita que se nombre como experto en la reestructuración a D./D.ª [NOMBRE], con DNI [NÚMERO], y domicilio en [DIRECCIÓN], en quien concurren todos los requisitos señalados en el art. 674 del TRLC y en el que no concurre ninguna causa de incompatibilidad ni prohibición según lo señalado en el art 675 del TRLC.

CUARTO.- En cumplimiento del art. 678.2 del TRLC, se acompañan a esta solicitud los siguientes documentos:

– Aceptación del nombramiento por el experto para el caso de ser designado, así como la aceptación del importe y los plazos de devengo de la retribución que se ha pactado. Documento n.º [NÚMERO].

– Copia de la póliza de seguro de responsabilidad civil (o garantía equivalente) que tiene vigente para responder de posibles daños que el experto pudiera causar en el ejercicio de las funciones propias del cargo. Documento n.º [NÚMERO].

FUNDAMENTOS DE DERECHO

I. JURISDICCIÓN Y COMPETENCIA

Corresponde el conocimiento al juzgado que me dirijo conforme al art. 87 de la LOPJ y a los arts. 44 y 45 del TRLC.

II. POSTULACIÓN

Esta parte actúa representada por procurador y asistida de abogado conforme a los arts. 23 y 31 de la LEC.

III. LEGITIMACIÓN

Esta parte se encuentra legitimada conforme a lo dispuesto en el art. 678.1 del TRLC, el cual señala que «1. Los acreedores que representen más del cincuenta por ciento del pasivo que, en el momento de la solicitud, pudiera quedar afectado por el plan de reestructuración podrán pedir al juez la sustitución del experto nombrado a solicitud del deudor o, en su caso, de una minoría de acreedores».

IV. FONDO

La sustitución del experto en reestructuración se solicita por los acreedores que representan el [PORCENTAJE] % del pasivo que se puede ver afectado por la reestructuración, y ello con base en lo dispuesto en el art. 678 del TRLC, donde se establece que:

«1. Los acreedores que representen más del cincuenta por ciento del pasivo que, en el momento de la solicitud, pudiera quedar afectado por el plan de reestructuración podrán pedir al juez la sustitución del experto nombrado a solicitud del deudor o, en su caso, de una minoría de acreedores.

2. La solicitud deberá acompañarse de los documentos exigidos en este título y del compromiso expreso de los acreedores, o de algunos de ellos, de satisfacer la retribución del experto. La asunción de la obligación de pago quedará sin efecto si, en el plan de reestructuración homologado por el juez, se previera expresamente que la retribución del experto sustituto fuera a cargo del deudor.

3. El juez acordará la sustitución mediante auto, que podrá impugnarse por los motivos y por el cauce previsto en el artículo anterior».

La persona propuesta por esta parte cumple las condiciones subjetivas exigidas por el artículo 674 del TRLC, el cual dispone lo que sigue a continuación:

«El nombramiento de experto deberá recaer en la persona natural o jurídica, española o extranjera, que tenga los conocimientos especializados, jurídicos, financieros y empresariales, así como experiencia en materia de reestructuraciones o que acredite cumplir los requisitos para ser administrador concursal conforme a esta ley. Cuando la reestructuración que se pretende conseguir tuviera particularidades, bien por el sector en el que opera el deudor, bien por las dimensiones o la complejidad del activo o del pasivo, bien por la existencia de elementos transfronterizos, estas particularidades deberán ser tenidas en cuenta para el nombramiento del experto».

El mismo puede ocupar el cargo por no concurrir en él ninguna de las incompatibilidades ni prohibiciones que señala el art. 675 del TRLC:

«No podrán ser propuestos ni nombrados expertos en la reestructuración y, en caso de ser nombrados, no podrán aceptar las siguientes personas:

1.º Quienes hayan prestado servicios profesionales relacionados con la reestructuración al deudor o a personas especialmente relacionadas con esta en los últimos dos años, salvo que se prestaran como consecuencia de haber sido nombrado experto en una reestructuración previa.

2.º Quienes se encuentren en alguna de las situaciones de incompatibilidad previstas en la legislación en materia de auditoría de cuentas en relación con el deudor o las personas especialmente relacionadas con este».

Por todo lo anterior,

SUPLICO AL JUZGADO:

Que tenga por presentado este escrito y documentos adjuntos, los admita y tenga por presentada **SOLICITUD DE SUSTITUCIÓN DE EXPERTO EN LA REESTRUCTU-RACIÓN** y, previos los trámites oportunos, dicte auto por el que se nombre a D./D.ª [NOMBRE] experto en la reestructuración.

Por ser justicia que pido, en [LUGAR], a [FECHA].

Letrado D./D.ª [NOMBRE]

[NUMEROCOLEGIADO ABOGADO_CLIENTE]

Procurador D./D.ª [NOMBRE]

[NUMEROCOLEGIADO_PROCURADOR_CLIENTE]

---

(1) Conforme el art. 678 del TRLC, pueden solicitar la sustitución los acreedores que representen más del 50 % del pasivo que pudiera quedar afectado por el plan de reestructuración.

(2) Por la reforma realizada por la LO 1/2025, de 2 de enero, una vez implantados de forma efectiva los tribunales de instancia (D.T. 1.ª), todas las referencias realizadas a los juzgados unipersonales se entenderán realizadas a las secciones del orden jurisdiccional correspondiente de los tribunales de instancia.

Recurso de revisión contra la resolución de comunicación de apertura de negociaciones (art. 590.3 del TRLC)

Concurso n.º [NÚMERO]

AL JUZGADO DE LO MERCANTIL N.º [NÚMERO] **DE** [LOCALIDAD] **(2)**

D./D.ª [NOMBRE_PROCURADOR], procurador de los Tribunales n.º [NÚMERO_CO-LEGIADO], en nombre y representación de D./D.ª [NOMBRE] según está acreditado en autos, bajo la dirección letrada de D./D.ª [NOMBRE] con n.º de colegiado [NÚME-RO] del ICA de [LOCALIDAD], ante el juzgado comparezco y como mejor proceda en Derecho,

DIGO

Que conforme a lo establecido en el art 590.3 del TRLC, vengo a interponer **RE-CURSO DE REVISIÓN CONTRA LA COMUNICACIÓN DE APERTURA DE NEGOCIA-CIONES** y ello con base en los siguientes,

HECHOS

PRIMERO.- El día [FECHA] se ha inscrito el decreto que tiene por efectuada la comunicación de apertura de las negociaciones con los acreedores en el registro público concursal.

SEGUNDO.- Esta parte, en su condición de acreedor conforme consta en autos, impugna esta decisión por cuanto [DESCRIPCIÓN] **(1)**.

TERCERO.- Dentro del plazo de cinco días, vengo a interponer el presente recurso.

Por todo lo expuesto,

SUPLICO AL JUZGADO:

Que tenga por presentado este escrito, lo admita a trámite y tenga por interpues-to **RECURSO DE REVISIÓN CONTRA LA COMUNICACIÓN DE APERTURA DE NE-GOCIACIONES** y declare no haber lugar a la apertura de las negociaciones.

Es justicia que pido en [LUGAR] a [FECHA].

Letrado D./D.ª [NOMBRE]   Procurador D./D.ª [NOMBRE]

[NUMEROCOLEGIADO ABOGADO_   [NUMEROCOLEGIADO_PROCURA-
CLIENTE]   DOR_CLIENTE]

---

(1) El artículo 590.3 del TRLC establece que:

«3. Cualquier acreedor podrá interponer recurso de revisión contra la resolución por los siguientes motivos:

1.º Que el deudor hubiese presentado una comunicación dentro del año anterior;

2.º Que los bienes o derechos contra los que se siguen ejecuciones o frente a los que se pretende iniciarlas no son necesarios para la continuidad de la actividad empresarial o profesional del deudor; o

3.º Que los efectos de la comunicación no deben extenderse a determinadas garantías otorgadas por terceros.

El plazo para la interposición del recurso será de cinco días a contar desde la inscripción de la resolución en el Registro público concursal o, en el caso de ejecuciones en tramitación, desde la notificación de la resolución por la que la autoridad judicial que estuviera conociendo de la ejecución la suspenda».

(2) Por la reforma realizada por la LO 1/2025, de 2 de enero, una vez implantados de forma efectiva los tribunales de instancia (D.T. 1.a), todas las referencias realizadas a los juzgados unipersonales se entenderán realizadas a las secciones del orden jurisdiccional correspondiente de los tribunales de instancia.

Escrito de impugnación de la homologación del plan de reestructuración

AL JUZGADO DE LO MERCANTIL N.º [NÚMERO] **DE** [LOCALIDAD]

PARA ANTE LA AUDIENCIA PROVINCIAL DE [LOCALIDAD]

D./D.ª [NOMBRE_PROCURADOR], procurador de los Tribunales n.º [NÚMERO_CO-LEGIADO], en nombre y representación de [DATOS_CLIENTE], representación que acredito mediante poder para pleitos que adjuntamos al presente escrito como documento n.º [NÚMERO], y bajo la dirección letrada de D./D.ª [NOMBRE_ABOGADO], colegiado n.º [NÚMERO_COLEGIADO] del Ilustre Colegio de Abogados de [LOCALIDAD], comparezco y como mejor proceda en Derecho,

DIGO

Que, por medio del presente escrito, venimos a formalizar, en tiempo y forma, al amparo de los arts. 653 y siguientes del Real Decreto 1/2020, de 5 de mayo, por el que se aprueba el Texto refundido de la Ley Concursal, **demanda incidental impugnando el auto de homologación del plan de reestructuración**, en base a los siguientes,

HECHOS

PRIMERO.- Con fecha [FECHA_AUTO], el Juzgado de lo Mercantil n.º [NÚMERO] de [LOCALIDAD] dictó auto de homologación del plan de reestructuración, publicado en el Registro público concursal con fecha [FECHA].

Adjuntamos al presente escrito, como documento n.º [NÚMERO], copia del referido auto.

SEGUNDO.- A juicio de esta parte, y de acuerdo a lo dispuesto en el art. 654 del TRLC **(1)**, habrá de estimarse la impugnación del mentado auto por los siguientes motivos **(2)**:

[ESPECIFICAR].

Por ello, no cabe duda de que el plan de reestructuración no cumple los requisitos establecidos en el TRLC y, por tanto, no procede su homologación.

A los siguientes hechos son de aplicación los siguientes,

FUNDAMENTOS DE DERECHO

I.- JURISDICCIÓN Y COMPETENCIA

Por aplicación del artículo 44 del TRLC y del artículo 87 de la Ley Orgánica del Poder Judicial (LOPJ) resulta competente para conocer del concurso los juzgados de lo mercantil.

De acuerdo con lo dispuesto en los artículos 45 y 653 del TRLC, es competente para conocer de la presente impugnación la Audiencia Provincial de [LOCALIDAD].

II.- LEGITIMACIÓN

Esta parte se encuentra capacitada en virtud del artículo 6 de la Ley de Enjuiciamiento Civil, y legitimada en virtud del artículo 654 del TRLC **(3)**, el cual dispone que:

«Dentro de los quince días siguientes a la publicación del auto de homologación en el Registro público concursal, los titulares de créditos afectados que no hayan votado a favor del plan de reestructuración aprobado por todas las clases de créditos podrán impugnar el auto (...)».

III.- POSTULACIÓN

Esta parte actúa representada por procurador/a y asistido/a de abogado/a, de conformidad con el artículo 512 del TRLC.

«1. Los acreedores y los demás legitimados para solicitar la declaración de concurso actuarán representados por procurador y asistidos por letrado para solicitar esa declaración y para comparecer en el procedimiento, así como para presentar solicitudes o demandas, actuar en los incidentes que se incoen o interponer recursos.

2. Los acreedores podrán solicitar de la administración concursal en cualquier momento el examen de aquellos documentos o de aquellos informes que consten en autos sobre los créditos que hubieran comunicado.

3. Cualesquiera otras personas que tengan interés legítimo en el concurso podrán comparecer siempre que lo hagan representados por procurador y asistidos de letrado».

IV.- PROCEDIMIENTO

Este proceso se sustanciará por los trámites del incidente concursal en atención a lo dispuesto en el artículo 658 y 663 del TRLC.

«Artículo 658. Tramitación de la impugnación.

1. Todas las impugnaciones se tramitarán conjuntamente por los trámites del incidente concursal. En todo caso, al escrito de impugnación se acompañará copia del auto de homologación.

2. La impugnación se interpondrá ante la Audiencia Provincial. Si la impugnación hubiera sido formulada dentro de plazo, el letrado de la Administración de Justicia acordará mediante decreto su admisión a trámite y lo comunicará al órgano jurisdiccional que hubiera dictado el auto impugnado a los efectos de que este remita las actuaciones a la Audiencia Provincial en el plazo de cinco días. En caso de que la impugnación fuera extemporánea, el letrado de la Administración de Justicia dará cuenta a la Sala, que declarará mediante auto la inadmisión de la impugnación. Contra este auto podrá interponerse recurso de queja, que se tramitará conforme a lo establecido en la legislación procesal civil.

3. De las impugnaciones presentadas se dará traslado al deudor y a los acreedores adheridos al plan de reestructuración, para que puedan oponerse a la impugnación en un plazo de quince días».

«Artículo 663. Especialidades.

La oposición de las partes afectadas se tramitará por los cauces del incidente concursal con las especialidades siguientes:

1.ª La providencia que admita a trámite la solicitud de homologación se publicará en el Registro público concursal con indicación del lugar donde el plan queda a disposición de los acreedores afectados y, en su caso, de los socios, para que en un plazo de quince días desde su publicación registral puedan formular oposición.

2.ª La legitimación y los motivos de la oposición se sujetarán a las normas previstas para la impugnación del plan en la sección 3.ª de este capítulo, incluyendo la falta de competencia internacional o territorial.

3.ª Todas las oposiciones, incluidas las fundadas en la falta de compe-tencia judicial, se tramitarán conjuntamente, y se dará traslado de todas ellas al solicitante de la homologación para que, en un plazo común de quince días conteste a la oposición.

4.ª La sentencia que resuelva sobre el incidente se dictará en un plazo de un mes y no será susceptible de recurso».

Por remisión, resultarán de aplicación los arts. 532 y siguientes del mismo cuerpo legal, relativos al **incidente concursal.**

Con relación a la **sentencia** que ponga fin a esta impugnación, los arts. 659 y 661 del TRLC disponen lo siguiente:

«Artículo 659. Sentencia.

1. La sentencia que resuelva la impugnación deberá ser dictada dentro de los treinta días siguientes a aquel en que hubiera finalizado la tramita-ción del incidente.

2. La sentencia que resuelva la impugnación tendrá la misma publicidad que el auto de homologación y sus efectos se producirán, sin posibilidad de suspensión o aplazamiento, el día siguiente al de su publicación en el Registro público concursal.

3. La sentencia que resuelva la impugnación no será susceptible de recurso alguno».

«Artículo 661. Efectos de la sentencia estimatoria de la impugnación.

1. La sentencia estimatoria de la impugnación declarará la no exten-sión de los efectos del plan únicamente frente a quien hubiera instado la impugnación, subsistiendo los efectos de la homologación frente a los de-más acreedores y socios. En este caso, si los efectos no se pueden revertir, el impugnante tendrá derecho a la indemnización de los daños y perjuicios por parte del deudor.

2. Como excepción a lo previsto en el apartado anterior, cuando la es-timación de la impugnación se haya basado en la falta de concurrencia de las mayorías necesarias o en la formación defectuosa de las clases, la sentencia declarará la ineficacia del plan.

3. La sentencia no perjudicará los derechos adquiridos por terceros de buena fe de acuerdo con la legislación hipotecaria».

V.- FONDO DEL ASUNTO

El artículo 654 del TRLC **(2)** regula la facultad de los titulares de créditos afectados por la homologación del plan de reestructuración, que no hayan votado a favor del mismo, a impugnar el auto por los siguientes motivos:

«1.º Que no se hayan cumplido los requisitos de comunicación, conteni-do y de forma que se exigen en el capítulo IV de este título.

2.º Que la formación de las clases de acreedores y la aprobación del plan, no se hayan producido de conformidad con lo previsto en los capítu-los III y IV de este título.

3.º Que el deudor no se encuentre en probabilidad de insolvencia, insol-vencia inminente o actual.

4.º Que el plan no ofrezca una perspectiva razonable de evitar el concurso y asegurar la viabilidad de la empresa en el corto y medio plazo.

5.º Que sus créditos no hayan sido tratados de forma paritaria con otros créditos de su clase.

6.º Que la reducción del valor de sus créditos sea manifiestamente mayor al que resulta necesario para garantizar la viabilidad de la empresa. En caso de cesión de créditos, se presumirá que no concurre esta circunstancia cuando el acreedor impugnante haya adquirido el crédito con un descuento superior a la reducción del valor que este padece.

7.º Que el plan no supere la prueba del interés superior de los acreedores.

Se considerará que el plan no supera esta prueba cuando sus créditos se vean perjudicados por el plan de reestructuración en comparación con su situación en caso de liquidación concursal de los bienes del deudor, individualmente o como unidad productiva. A los efectos de comprobar la satisfacción de esta prueba, se comparará el valor de lo que reciban conforme al plan de reestructuración con el valor de lo que pueda razonablemente presumirse que hubiesen recibido en caso de liquidación concursal. Para calcular este último valor, se considerará que el pago de la cuota de liquidación tiene lugar a los dos años de la formalización del plan.

8.º Que el deudor haya incumplido la obligación de encontrarse al corriente en el cumplimiento de sus obligaciones tributarias y frente a la Seguridad Social».

En este caso, no se cumplen los siguientes requisitos:

[ESPECIFICAR]

VI.- COSTAS

Las costas ocasionadas en el presente incidente habrán de serle impuestas a la demandada en atención al principio del vencimiento objetivo que recoge el artículo 394 de la LEC.

Y por todo lo expuesto,

SUPLICO LA JUZGADO:

Que teniendo por presentado este escrito con sus documentos adjuntos y copias de todo ello, se sirva admitirlo y, en su virtud, y tras los trámites oportunos, que incluyen el traslado al deudor y a los acreedores adheridos al plan de reestructuración, dicte resolución por la que se declare la no extensión de los efectos del plan en lo que afecta a esta parte (4), con expresa imposición de costas a la demandada.

 Es Justicia en [LOCALIDAD] a [FECHA].

Letrado D./D.ª [NOMBRE]

[NUMEROCOLEGIADO ABOGADO_CLIENTE]

Procurador D./D.ª [NOMBRE]

[NUMEROCOLEGIADO_PROCURADOR_CLIENTE]

OTROSÍ DIGO:

Que a efectos de lo dispuesto en el artículo 535 de TRLC, esta parte interesa/no interesa la celebración de la vista, a cuyo efecto propone la siguiente prueba:

[ESPECIFICAR].

SUPLICO AL JUZGADO, que tenga por hecha la anterior manifestación y provea de conformidad.

Es Justicia en fecha y lugar *ut supra*.

Letrado D./D.ª [NOMBRE]

[NUMEROCOLEGIADO ABOGADO_CLIENTE]

Procurador D./D.ª [NOMBRE]

[NUMEROCOLEGIADO_PROCURADOR_CLIENTE]

---

(1) El art. 654 del TRLC hace referencia a la impugnación del auto de homologación del plan aprobado por todas las clases de créditos, si bien, de ser el caso, podría sustituirse dicho artículo por el art. 655 del TRLC (impugnación del auto de homologación del plan no aprobado por todas las clases de crédito), por el art. 656 del TRLC (cuando se trate una impugnación del auto de homologación del plan no aprobado por los socios) o incluso por el art. 657 del TRLC (en el supuesto de impugnación de la resolución de contratos).

(2) La impugnación debe basarse en alguno de los motivos recogidos en los artículos siguientes:

«**Artículo 654. Impugnación del auto de homologación del plan aprobado por todas las clases de créditos.**

Dentro de los quince días siguientes a la publicación del auto de homologación en el Registro público concursal, los titulares de créditos afectados que no hayan votado a favor del plan de reestructuración aprobado por todas las clases de créditos podrán impugnar el auto por los siguientes motivos:

1.º Que no se hayan cumplido los requisitos de comunicación, contenido y de forma que se exigen en el capítulo IV de este título.

2.º Que la formación de las clases de acreedores y la aprobación del plan, no se hayan producido de conformidad con lo previsto en los capítulos III y IV de este título.

3.º Que el deudor no se encuentre en probabilidad de insolvencia, insolvencia inminente o actual.

4.º Que el plan no ofrezca una perspectiva razonable de evitar el concurso y asegurar la viabilidad de la empresa en el corto y medio plazo.

5.º Que sus créditos no hayan sido tratados de forma paritaria con otros créditos de su clase.

6.º Que la reducción del valor de sus créditos sea manifiestamente mayor al que resulta necesario para garantizar la viabilidad de la empresa. En caso de cesión de créditos, se presumirá que no concurre esta circunstancia cuando el acreedor impugnante haya adquirido el crédito con un descuento superior a la reducción del valor que este padece.

7.º Que el plan no supere la prueba del interés superior de los acreedores.

Se considerará que el plan no supera esta prueba cuando sus créditos se vean perjudicados por el plan de reestructuración en comparación con su situación en caso de liquidación concursal de los bienes del deudor, individualmente o como unidad productiva. A los efectos de comprobar la satisfacción de esta prueba, se comparará el valor de lo que reciban conforme al plan de reestructuración con el valor de lo que pueda razonablemente presumirse que hubiesen recibido en caso de liquidación concursal. Para calcular este último valor, se considerará que el pago de la cuota de liquidación tiene lugar a los dos años de la formalización del plan.

8.º Que el deudor haya incumplido la obligación de encontrarse al corriente en el cumplimiento de sus obligaciones tributarias y frente a la Seguridad Social».

«**Artículo 655. Impugnación del auto de homologación del plan no aprobado por todas las clases de crédito.**

1. El auto de homologación de un plan de reestructuración que no haya sido aprobado por todas las clases de créditos podrá ser impugnado por los motivos previstos en el artículo anterior por los acreedores que no hayan votado a favor del plan, con independencia de que pertenezcan o no a una clase que haya aprobado dicho plan.

2. El auto de homologación de un plan de reestructuración que no haya sido aprobado por todas las clases de créditos podrá ser impugnado por los titulares de créditos afectados que no hayan votado a favor del plan y pertenezcan a una clase que no lo haya aprobado también por los siguientes motivos:

1.º Que no haya sido aprobado por la clase o clases necesarias de conformidad con lo previsto en la sección 1.ª de este capítulo.

2.º Que una clase de créditos vaya a mantener o recibir, de conformidad con el plan, derechos, acciones o participaciones, con un valor superior al importe de sus créditos.

3.º Que la clase a la que pertenezca el acreedor o los acreedores impugnantes vaya a recibir un trato menos favorable que cualquier otra clase del mismo rango.

4.º Que la clase a la que pertenezca el acreedor o acreedores impugnantes vaya a mantener o recibir derechos, acciones o participaciones con un valor inferior al importe de sus créditos si una clase de rango inferior o los socios van a recibir cualquier pago o conservar cualquier derecho, acción o participación en el deudor en virtud del plan de reestructuración.

5.º En caso de que el plan afecte al crédito público, que el deudor haya incumplido la obligación de encontrarse al corriente en el cumplimiento de sus obligaciones tributarias y frente a la Seguridad Social.

3. Por excepción a lo establecido en el ordinal 4.º del apartado anterior, se podrá confirmar la homologación del plan de reestructuración, aunque no se cumpla esa condición, cuando sea imprescindible para asegurar la viabilidad de la empresa y los créditos de los acreedores afectados no se vean perjudicados injustificadamente».

«Artículo 656. Impugnación del auto de homologación del plan no aprobado por los socios.

1. Cuando los socios de la sociedad deudora no hayan aprobado el plan de reestructuración, podrán impugnar el auto de homologación por cualquiera de los siguientes motivos:

1.º Que el plan no cumpla los requisitos de contenido y de forma que se exigen en el capítulo IV de este título.

2.º Que no haya sido aprobado de conformidad con lo previsto en el capítulo IV de este título.

3.º Que el deudor no se encontrara en estado insolvencia actual o de insolvencia inminente.

4.º Que el plan no ofrezca una perspectiva razonable de evitar el concurso y asegurar la viabilidad de la empresa en el corto y medio plazo.

5.º Que una clase de acreedores afectados vaya a recibir, como consecuencia del cumplimiento del plan, derechos, acciones o participaciones, con un valor superior al importe de sus créditos.

2. En el caso de que la aprobación del plan requiera acuerdo de los socios y estos no lo hayan aprobado, solo aquellos que hayan votado en contra tendrán legitimación para impugnarlo».

«Artículo 657. Impugnación de la resolución de contratos.

Cuando en el auto de homologación del plan de reestructuración se hubiera acordado la resolución de un contrato con obligaciones recíprocas pendientes de cumplimiento, la parte afectada podrá impugnar esa resolución por cualquiera de los siguientes motivos:

1.º Que esa resolución del contrato no resulte necesaria para asegurar el buen fin de la reestructuración y prevenir el concurso.

2.º Que no sea adecuada la indemnización prevista en el plan por la resolución anticipada del contrato».

(3) Si se trata de la impugnación del auto de homologación del plan no aprobado por todas las clases, en virtud del art. 655 del TRLC estarían legitimados para impugnar los acreedores que no hayan votado a favor del plan, con independencia de que pertenezcan o no a una clase que haya aprobado dicho plan.

Si estamos en el supuesto de impugnación del auto de homologación del plan no aprobado por los socios, el art. 656 del TRLC establece que la legitimación la ostentarán los socios de la sociedad deudora que no hayan aprobado el plan.

En último lugar, tal y como se recoge en el art. 657 del TRLC, si la impugnación se lleva a cabo porque el plan de reestructuración acuerde la resolución de un contrato con obligaciones recíprocas pendientes de cumplimiento, estará legitimada la parte afectada por la resolución.

(4) En virtud del art. 661 del TRLC, la sentencia estimatoria de la impugnación declarará la no extensión de los efectos del plan únicamente frente a quien hubiera instado la impugnación, subsistiendo los efectos de la homologación frente a los demás acreedores y socios, y si los efectos no se pudieran revertir, el impugnante tendría derecho a una indemnización de daños y perjuicios por parte del deudor. Si la impugnación se basa en la falta de concurrencia de las mayorías necesarias o en la formación defectuosa de las clases, en el suplico de la impugnación habrá de solicitarse la ineficacia del plan.

(5) Por la reforma realizada por la LO 1/2025, de 2 de enero, una vez implantados de forma efectiva los tribunales de instancia (D.T. 1.ª), todas las referencias realizadas a los juzgados unipersonales se entenderán realizadas a las secciones del orden jurisdiccional correspondiente de los tribunales de instancia.

Escrito de comunicación de apertura de negociación con los acreedores

AL JUZGADO DE LO MERCANTIL DE [LOCALIDAD] (5)

D./D.ª [NOMBRE_PROCURADOR_CLIENTE], procurador/a de los Tribunales, en nombre y representación de la mercantil [NOMBRE_EMPRESA], con CIF [CIF], y domicilio a efectos de notificaciones en [DOMICILIO], como así consta en la escritura pública de otorgamiento de poder general para pleitos, y que se adjunta al presente escrito como documento n.º [NÚMERO], bajo la asistencia técnica de D./D.ª [NOMBRE_ABOGADO_CLIENTE], abogado/a con el n.º de colegiado [NÚMERO_COLEGIADO_ABOGADO_CLIENTE], ante el juzgado comparezco y como mejor proceda en Derecho,

DIGO

Que, por concurrir el estado de insolvencia [INMINENTE/ACTUAL/PROBABILIDAD DE INSOLVENCIA] (1) a que se refiere el art. 584 del Real Decreto Legislativo 1/2020, de 5 de mayo, por el que se aprueba el texto refundido de la Ley Concursal, habiendo iniciado esta parte negociaciones con los acreedores tendentes a alcanzar un plan de reestructuración, por medio del presente escrito vengo a **COMUNICAR AL JUZGADO LA APERTURA DE NEGOCIACIONES CON LOS ACREEDORES** al amparo de la previsión contenida en el art. 583 del TRLC, y ello en base a las siguientes,

ALEGACIONES

PRIMERO.- La empresa [NOMBRE_EMPRESA] es una entidad cuyo objeto social principal consiste en [DESCRIPCIÓN], ubicando su domicilio social en [DOMICILIO_SOCIAL] y ostentando su representación legal D./D.ª [NOMBRE], en su condición de administrador único. Se aporta, como documento n.º [NÚMERO], nota informativa del Registro Mercantil de la referida sociedad, acreditando los citados extremos.

En la actualidad cuenta con un activo de [ESPECIFICAR_CANTIDAD], un pasivo de [ESPECIFICAR_CANTIDAD] y una cifra de negocios de [ESPECIFICAR_CANTIDAD]. En acreditación de lo expuesto, se acompañan los siguientes documentos:

[ESPECIFICAR_DOCUMENTACION_ADJUNTA].

SEGUNDO.- Ante la situación de insolvencia [INMINENTE/ACTUAL/PROBABILIDAD DE INSOLVENCIA] (1) de mi representada, en el ánimo de lograr soluciones convenidas con los acreedores para alcanzar un plan de reestructuración que permita superar la situación en la que se encuentra mi mandante, venimos a acogernos, por medio del presente escrito, a la previsión contenida en el art. 585 del TRLC, dando cuenta al juzgado del **inicio de negocios con los acreedores** para alcanzar el mentado plan de reestructuración.

Para acreditar la situación de insolvencia, se acompañan los siguientes documentos:

[ESPECIFICAR_DOCUMENTOS].

TERCERO.- La comunicación se presenta ante el juzgado que sería competente para la declaración de concurso, de acuerdo con lo establecido en los arts. 585.1 y 45 del TRLC.

CUARTO.- Los acreedores con los que se han iniciado las negociaciones son:

1.- NOMBRE_ACREEDOR	IMPORTE_CRÉDITO
2.- NOMBRE_ACREEDOR	IMPORTE_CRÉDITO
3.- NOMBRE_ACREEDOR	IMPORTE_CRÉDITO
TOTAL:	**IMPORTE_TOTAL**

Se hace constar que ninguno de los acreedores se encuentra especialmente relacionado con el deudor **(2)**.

QUINTO.- Al cierre del ejercicio inmediatamente anterior a aquel en el que se presenta esta comunicación, el número de trabajadores de la mercantil ascendía a [NÚMERO_TRABAJADORES].

Se adjuntan, como documentos n.º [NÚMERO], copias de los contratos de trabajo de los trabajadores.

SEXTO.- Para la continuidad de la actividad empresarial, se consideran necesarios los siguientes bienes y derechos **(3)**:

[RELACIONAR_BIENES/DERECHOS_NECESARIOS].

SÉPTIMO.- Por su parte, y dando cumplimiento art. 586.1.7.º del TRLC, se hace constar que, para la continuidad de su actividad, son necesarios los siguientes contratos:

[RELACIONAR_CONTRATOS_NECESARIOS]

OCTAVO.- (4) Con el fin de que asesore a esta parte en las negociaciones y en la elaboración del plan de reestructuración, solicitamos que se nombre a D./D.ª [NOMBRE], con DNI [NÚMERO] y domicilio en [DIRECCIÓN], como experto de la reestructuración. Se propone a la persona referenciada por cumplir las condiciones establecidas en el art. 674 del TRLC, ya que el mismo [DESCRIPCIÓN]. Además, se hace constar que en el mismo no concurre ninguna de las incompatibilidades ni prohibiciones que se recogen en el art. 675 del TRLC.

En cumplimiento del art. 672.2 del TRLC, se acompañan a esta solicitud los siguientes documentos:

– Escrito razonando que el experto reúne las condiciones establecidas en la ley para el ejercicio del cargo.

– Aceptación del nombramiento por el experto para el caso de ser designado, así como la aceptación del importe y los plazos de devengo de la retribución que se ha pactado. Documento n.º [NÚMERO].

– Copia de la póliza de seguro de responsabilidad civil (o garantía equivalente) que tiene vigente para responder de posibles daños que el experto pudiera causar en el ejercicio de las funciones propias del cargo. Documento n.º [NÚMERO].

NOVENO.- (4) Con el objeto de no perjudicar la continuidad de la actividad de la mercantil, se solicita al juzgado el carácter reservado de esta comunicación.

En su virtud,

SUPLICO AL JUZGADO:

Que tenga por presentado este escrito y documentos que le acompañan, sirva admitirlo y, en su virtud, tenga por formulada comunicación de la apertura de negociaciones con los acreedores para alcanzar un plan de reestructuración.

Es Justicia se pide en [LOCALIDAD], a [DIA], de [MES] de [AÑO].

Letrado D./D.ª [NOMBRE]

[NUMEROCOLEGIADO ABOGADO_ CLIENTE]

Procurador D./D.ª [NOMBRE]

[NUMEROCOLEGIADO_PROCURADOR_ CLIENTE]

OTROSI **DIGO**:

Siendo intención de esta parte cumplir con todos los requisitos legales, a tenor de lo previsto en el artículo 231 de la Ley de Enjuiciamiento Civil y en el art. 588.2 del TRLC, se solicita se le diere traslado de cualquier defecto que adoleciere la presente demanda, para la inmediata subsanación de la misma.

SUPLICO AL JUZGADO:

Que tenga por interesado el cumplimiento del anterior requisito legal a los efectos oportunos.

Por ser Justicia, en [LOCALIDAD], a [DIA], de [MES] de [AÑO].

Letrado D./D.ª [NOMBRE]

[NUMEROCOLEGIADO ABOGADO_ CLIENTE]

Procurador D./D.ª [NOMBRE]

[NUMEROCOLEGIADO_PROCURADOR_ CLIENTE]

---

(1) Según el artículo 584 del TRLC:

«1. La comunicación de apertura de negociaciones o la homologación de un plan de reestructuración procederán cuando el deudor se encuentre en probabilidad de insolvencia, insolvencia inminente o insolvencia actual.

2. Se considera que existe probabilidad de insolvencia cuando sea objetivamente previsible que, de no alcanzarse un plan de reestructuración, el deudor no podrá cumplir regularmente sus obligaciones que venzan en los próximos dos años».

(2) El art. 586.1.3.º dispone que si, entre los acreedores con los que se hayan iniciado las negociaciones, figurasen algunos especialmente relacionados con el deudor, deberá indicarse cuáles tienen tal condición. Además, en el caso de créditos de derecho público, deberá figurar la fecha de devengo de los mismos.

(3) Si se siguieran ejecuciones contra los bienes o derechos que se consideren necesarios para la continuidad de la actividad, deberá identificarse en la comunicación cada una de las que se encuentren en tramitación (art. 586.1.6.º del TRLC).

(4) El art. 586.1 del TRLC en sus apartados 8.º, 9.º y 10.º recoge que, en su caso, se expresarán: «8.º En su caso, la solicitud por el deudor de nombramiento de experto en la reestructuración.

9.º En su caso, la solicitud del carácter reservado de la comunicación.

10.º En el caso de que se pretenda que el plan de reestructuración afecte al crédito público, la acreditación de encontrarse al corriente en el cumplimiento de las obligaciones tributarias y frente a la Seguridad Social, mediante la presentación por el deudor en el juzgado de las correspondientes certificaciones emitidas por la Agencia Estatal de Administración Tributaria y la Tesorería General de la Seguridad Social, o la declaración del deudor de que no se encuentra en dicha situación».

(5) Por la reforma realizada por la LO 1/2025, de 2 de enero, una vez implantados de forma efectiva los tribunales de instancia (D.T. 1.a), todas las referencias realizadas a los juzgados unipersonales se entenderán realizadas a las secciones del orden jurisdiccional correspondiente de los tribunales de instancia.

Escrito de solicitud de contradicción previa a la homologación del plan de reestructuración

AL JUZGADO DE LO MERCANTIL N.º [NÚMERO] DE [LOCALIDAD] (4)

D./D.ª [NOMBRE_PROCURADOR], procurador de los tribunales n.º [NÚMERO_CO-LEGIADO], en nombre y representación de D./D.ª [NOMBRE_DEUDOR], según se acredita mediante poder [APUD ACTA/NOTARIAL] que se aporta como documento n.º [NÚMERO], y bajo la dirección letrada de D./D.ª [NOMBRE_ABOGADO], ante el juzgado comparezco y como mejor proceda en Derecho,

DIGO

Que por medio del presente escrito y en virtud de lo dispuesto en el art. 662 del TRLC, vengo a formular **SOLICITUD DE HOMOLOGACIÓN CON FASE DE CONTRA-DICCIÓN PREVIA,** y ello con base en los siguientes,

HECHOS

PRIMERO.- Mi representado se encuentra en un estado de insolvencia inminente conforme al art 2.3 del TRLC ya que, conforme al estado de cuentas, se prevé que dentro de los tres meses siguientes no podrá cumplir regular y puntualmente sus obligaciones **(1)**.

SEGUNDO.- Por esta parte se ha aprobado un plan de reestructuración conforme a lo establecido en los arts. 627 y siguientes del TRLC. El plan de reestructuración ha sido formalizado mediante instrumento público, según lo establecido en el art. 634 del TRLC, el día [FECHA] ante el notario/a de [LUGAR] con número de protocolo n.º [NÚMERO], según se acredita mediante copia íntegra que se adjunta como documento n.º [NÚMERO].

TERCERO.- El plan de homologación ha sido aprobado por todas las clases de crédito, según establecen los arts. 638 y 629 del TRLC **(2)**. Se acredita este extremo mediante certificación de auditor sobre la suficiencia de mayorías que se presenta como documento n.º [NÚMERO].

CUARTO.- Se aporta como documento n.º [NÚMERO] informe del experto en la reestructuración **(3)**.

QUINTO.- Dado que el plan de reestructuración afecta al crédito público, se adjuntan certificaciones emitidas por la Agencia Estatal de Administración Tributaria y la Tesorería General de la Seguridad Social que acreditan que se encuentra al corriente en el cumplimiento de las obligaciones tributarias y frente a la Seguridad Social, se aportan como documentos n.º [NÚMERO] y n.º [NÚMERO].

SEXTO.- Con el fin de evitar una impugnación posterior de la homologación, esta parte requiere al juez para que, previo a dictar auto de homologación, se dé trámite a las partes afectadas para que puedan oponerse.

FUNDAMENTOS DE DERECHO

I.- JURISDICCIÓN Y COMPETENCIA

Corresponde el conocimiento al juzgado que me dirijo conforme al art. 641 del TRLC, el cual establece que «La competencia para conocer de la homologación de un plan de reestructuración corresponderá al juez de lo mercantil que fuera competente para la declaración del concurso del deudor. Si el deudor o deudores hubieran efectuado la comunicación de inicio de negociaciones con los acreedores, la competencia corresponderá al juez titular actual del juzgado que hubiera tenido por efectuada esa comunicación», en relación con lo dispuesto en los arts. 44 y 45 del TRLC.

II.- LEGITIMACIÓN Y POSTULACIÓN

Esta parte está legitimada conforme a lo establecido en el art. 643 del TRLC, y comparece representado por procurador y asistido por abogado, tal y como exige el artículo referenciado.

III.- PROCEDIMIENTO

Se seguirán los trámites establecidos en los arts. 641 y siguientes del TRLC.

IV.- FONDO DEL ASUNTO

El deudor se encuentra en un estado de insolvencia inminente **(1)** por lo que ha elaborado un plan de reestructuración con el fin de evitar un concurso de acreedores. Conforme al art. 636 del TRLC, solicita la homologación judicial del mismo. Este artículo dispone:

«1. La homologación judicial del plan de reestructuración aprobado de conformidad con lo previsto en este título se podrá solicitar cuando el deudor se encuentre en probabilidad de insolvencia o en estado de insolvencia inminente.

2. Cuando el deudor se encuentre en estado de insolvencia actual, se podrá solicitar la homologación del plan siempre que no hubiera sido admitida a trámite solicitud de concurso necesario».

La presente solicitud se presenta cumpliendo con lo establecido en el art. 643 del TRLC:

«1. La solicitud de homologación del plan de reestructuración podrá ser presentada por el deudor o por cualquier acreedor afectado que lo haya suscrito e irá firmada por procurador y abogado. En la solicitud se indicará el lugar donde el plan esté a disposición de los acreedores que acrediten su legitimación y, en su caso, del deudor, con posibilidad de acceder a su contenido por medios telemáticos.

2. La competencia para solicitar la homologación del plan de reestructuración de una persona jurídica corresponde al órgano de administración.

3. A la solicitud se acompañará copia íntegra del instrumento público en el que se haya formalizado el plan, incluida la certificación de auditor sobre la suficiencia de las mayorías que se exigen para que se homologue el plan, de acuerdo con lo previsto en esta ley, del informe que, en su caso, haya sido emitido por el experto en la reestructuración y, en el caso de que se pretenda que el plan de reestructuración afecte al crédito público de las certificaciones emitidas por la Agencia Estatal de Administración Tributaria y la Tesorería General de la Seguridad Social que acrediten el cumplimiento del requisito previsto en el artículo 616.2.1.°».

Esta parte hace uso de la facultad conferida en el art. 662 del TRLC, el cual dispone que «En la solicitud de homologación, el solicitante podrá requerir que, con carácter previo a la homologación del plan de reestructuración, las partes afectadas puedan oponerse a esta».

Esta oposición se regirá por lo señalado en el art. 663 del TRLC:

«La oposición de las partes afectadas se tramitará por los cauces del incidente concursal con las especialidades siguientes:

1.ª La providencia que admita a trámite la solicitud de homologación se publicará en el Registro público concursal con indicación del lugar donde el plan queda a disposición de los acreedores afectados y, en su caso, de los socios, para que en un plazo de quince días desde su publicación registral puedan formular oposición.

2.ª La legitimación y los motivos de la oposición se sujetarán a las normas previstas para la impugnación del plan en la sección 3.ª de este capítulo, incluyendo la falta de competencia internacional o territorial.

3.ª Todas las oposiciones, incluidas las fundadas en la falta de competencia judicial, se tramitarán conjuntamente, y se dará traslado de todas ellas al solicitante de la homologación para que, en un plazo común de quince días conteste a la oposición.

4.ª La sentencia que resuelva sobre el incidente se dictará en un plazo de un mes y no será susceptible de recurso».

Por todo lo expuesto,

SUPLICO AL JUZGADO:

Que tenga por presentado este escrito con los documentos adjuntos, los admita y tenga por presentada **SOLICITUD DE HOMOLOGACIÓN CON FASE DE CONTRADICCIÓN PREVIA** y, previos los trámites legales, dicte auto de homologación del plan de reestructuración.

Por ser Justicia, en [LOCALIDAD], a [DÍA] de [MES] de [AÑO].

Letrado D./D.ª [NOMBRE]

[NUMEROCOLEGIADO ABOGADO_CLIENTE]

Procurador D./D.ª [NOMBRE]

[NUMEROCOLEGIADO_PROCURADOR_CLIENTE]

---

(1) También se podrá solicitar la homologación del plan de reestructuración cuando el deudor se encuentre en probabilidad de insolvencia, esto es, cuando sea objetivamente previsible que, de no alcanzarse un plan de reestructuración, el deudor no podrá cumplir regularmente sus obligaciones que venzan en los próximos dos años (art. 584 del TRLC). Así mismo la podrá solicitar el deudor que se encuentre un estado de insolvencia actual siempre que no hubiera sido admitida a trámite la solicitud de concurso necesario (art. 636.2 del TRLC).

(2) También cabe la homologación del plan de reestructuración que no haya sido aprobado por todas las clases de créditos si cumple lo establecido en el art. 639 del TRLC que establece: «Como excepción a lo previsto en el ordinal 3.º del artículo anterior, también podrá ser homologado el plan de reestructuración que no haya sido aprobado por todas las clases de créditos si ha sido aprobado por:

1.º Una mayoría simple de las clases, siempre que al menos una de ellas sea una clase de créditos que en el concurso habrían sido calificados como créditos con privilegio especial o general; o, en su defecto, por

2.º Al menos una clase que, de acuerdo con la clasificación de créditos prevista por esta ley, pueda razonablemente presumirse que hubiese recibido algún pago tras una valoración de la deudora como empresa en funcionamiento. En este caso, la homologación del plan requerirá que la solicitud vaya acompañada de un informe del experto en la reestructuración sobre el valor de la deudora como empresa en funcionamiento».

(3) Si lo hubiere.

(4) Por la reforma realizada por la LO 1/2025, de 2 de enero, una vez implantados de forma efectiva los tribunales de instancia (D.T. 1.ª), todas las referencias realizadas a los juzgados unipersonales se entenderán realizadas a las secciones del orden jurisdiccional correspondiente de los tribunales de instancia.

Escrito de oposición en la contradicción previa a la homologación del plan de reestructuración

Procedimiento [NÚMERO]

[NOMBRE_EMPRESA]

AL JUZGADO DE LO MERCANTIL N.° [NÚMERO] DE [LOCALIDAD] (3)

D./D.ª [NOMBRE_PROCURADOR] procurador/a de los Tribunales, en nombre y representación de D./D.ª [NOMBRE_CLIENTE] según acredito mediante poder [APUD ACTA/NOTARIAL] que acompaño a este escrito como documento n.° [NÚMERO], bajo la dirección letrada de D./D.ª [NOMBRE_ABOGADO] colegiado n.° [NÚMERO] del Ilustre Colegio de Abogados de [LOCALIDAD], ante el juzgado comparezco y según procede en Derecho,

DIGO

Que habiéndose publicado en el Registro Público Concursal la providencia que admite a trámite la solicitud de homologación del plan de reestructuración, dentro del plazo de 15 días señalado en el art 663.1ª del TRLC vengo a formular **DEMANDA INCIDENTAL DE OPOSICIÓN A LA HOMOLOGACIÓN DEL PLAN DE REESTRUCTURACIÓN**, y ello con base a los siguientes,

HECHOS

PRIMERO.- El deudor ha solicitado la homologación judicial del plan de reestructuración en cuyo escrito requiere que, con carácter previo, las partes afectadas puedan oponerse, según lo señalado en el art 662 del TRLC.

SEGUNDO.- Mi mandante es titular de un crédito afectado **(1)**, según se acredita mediante [ESPECIFICAR] que se aporta como documento n.° [NÚMERO].

TERCERO.- Se opone a la homologación del plan de reestructuración en base a [ESPECIFICAR] **(2)**.

Todo ello con base en los siguientes,

FUNDAMENTOS DE DERECHO

I.- JURISDICCIÓN Y COMPETENCIA

Le corresponde al juzgado que me dirijo conforme a lo establecido en el art. 641 del TRLC, el cual establece que «La competencia para conocer de la homologación de un plan de reestructuración corresponderá al juez de lo mercantil que fuera competente para la declaración del concurso del deudor. Si el deudor o deudores hubieran efectuado la comunicación de inicio de negociaciones con los acreedores, la competencia corresponderá al juez titular actual del juzgado que hubiera tenido por efectuada esa comunicación» en relación con los artículos 44 y 45 del TRLC.

II.- LEGITIMACIÓN

Esta parte se encuentra legitimada en virtud de lo establecido en el art. 663.2° del TRLC, donde se dispone que «2.ª La legitimación y los motivos de la oposición se sujetarán a las normas previstas para la impugnación del plan en la sección 3.ª de este capítulo, incluyendo la falta de competencia internacional o territorial».

Conforme a lo anterior, están legitimados los titulares de créditos afectados que no hayan votado a favor del plan de reestructuración aprobado por todas las clases de créditos (art. 654 del TRLC), los acreedores que no hayan votado a favor del plan, con independencia de que pertenezcan o no a una clase que haya aprobado dicho plan (art. 655 del TRLC), los socios de la sociedad deudora que no hayan aprobado el plan de reestructuración (art. 656 del TRLC) y la parte afectada cuando en el auto de homologación del plan de reestructuración se hubiera acordado la resolución de un contrato con obligaciones recíprocas pendientes de cumplimiento (art. 657 del TRLC).

III.- PROCEDIMIENTO

Deben seguirse los trámites del incidente concursal conforme se dispone en el párrafo primero del art. 663 del TRLC. El incidente concursal se regula en los arts. 532 y siguientes del TRLC.

IV.- FONDO DEL ASUNTO

La presente demanda incidental se presenta conforme a lo señalado en el art. 663 del TRLC, que establece lo siguiente:

> «La oposición de las partes afectadas se tramitará por los cauces del incidente concursal con las especialidades siguientes:
>
> 1.ª La providencia que admita a trámite la solicitud de homologación se publicará en el Registro público concursal con indicación del lugar donde el plan queda a disposición de los acreedores afectados y, en su caso, de los socios, para que en un plazo de quince días desde su publicación registral puedan formular oposición.
>
> 2.ª La legitimación y los motivos de la oposición se sujetarán a las normas previstas para la impugnación del plan en la sección 3.ª de este capítulo, incluyendo la falta de competencia internacional o territorial.
>
> 3.ª Todas las oposiciones, incluidas las fundadas en la falta de competencia judicial, se tramitarán conjuntamente, y se dará traslado de todas ellas al solicitante de la homologación para que, en un plazo común de quince días conteste a la oposición.
>
> 4.ª La sentencia que resuelva sobre el incidente se dictará en un plazo de un mes y no será susceptible de recurso».

Por lo que se refiere a las causas de oposición debemos estar a lo dispuesto en los artículos 654 a 657 del TRLC.

V.- COSTAS

Solicitamos la expresa condena en costas a la parte demandada conforme establece el art. 542.1 del TRLC.

VI.- *IURA NOVIT CURIA*

En todo lo no invocado resulta de aplicación el principio *iura novit curia*, plasmado en el párrafo segundo del punto primero del artículo 218 de la Ley de Enjuiciamiento Civil, en virtud del cual serán aplicables las demás normas que sean de pertinente, especial o general aplicación, y que el juzgador podrá tener en cuenta de oficio sin necesidad de que hayan sido previamente alegadas o invocadas por alguna de las partes intervinientes.

Por lo expuesto,

SUPLICO AL JUZGADO:

Que tenga por presentado este escrito con los documentos que le acompañan, los admita, y tenga por presentada **DEMANDA INCIDENTAL DE OPOSICIÓN A LA HO-MOLOGACIÓN DEL PLAN DE REESTRUCTURACIÓN** y, previos los trámites legales oportunos, dicte sentencia por la que se niegue la homologación del plan de reestructuración, con expresa imposición de costas a la parte demandada.

Es justicia que pido en [LUGAR] a [FECHA].

Letrado D./D.ª [NOMBRE]	Procurador D./D.ª [NOMBRE]
[NUMEROCOLEGIADO ABOGADO_ CLIENTE]	[NUMEROCOLEGIADO_PROCURADOR_ CLIENTE]

OTROSÍ DIGO:

Siendo intención de esta parte cumplir con todos los requisitos legales, a tenor de lo previsto en el artículo 231 de la Ley de Enjuiciamiento Civil, se solicita se le diere traslado de cualquier defecto que adoleciere la presente demanda, para la inmediata subsanación de la misma.

SUPLICO AL JUZGADO:

Que tenga por efectuada la anterior manifestación a los efectos oportunos.

Por ser justicia que pido en [LUGAR] a [FECHA].

Letrado D./D.ª [NOMBRE]	Procurador D./D.ª [NOMBRE]
[NUMEROCOLEGIADO ABOGADO_ CLIENTE]	[NUMEROCOLEGIADO_PROCURADOR_ CLIENTE]

---

(1) También pueden oponerse los socios de la sociedad conforme al art. 656 del TRLC.

(2) Las causas por las que puede oponerse son las mismas que las establecidas para impugnar el plan de reestructuración establecidas en los artículos:

Artículo 654. Impugnación del auto de homologación del plan aprobado por todas las clases de créditos.

«Dentro de los quince días siguientes a la publicación del auto de homologación en el Registro público concursal, los titulares de créditos afectados que no hayan votado a favor del plan de reestructuración aprobado por todas las clases de créditos podrán impugnar el auto por los siguientes motivos:

1.º Que no se hayan cumplido los requisitos de comunicación, contenido y de forma que se exigen en el capítulo IV de este título.

2.º Que la formación de las clases de acreedores y la aprobación del plan, no se hayan producido de conformidad con lo previsto en los capítulos III y IV de este título.

3.º Que el deudor no se encuentre en probabilidad de insolvencia, insolvencia inminente o actual.

4.º Que el plan no ofrezca una perspectiva razonable de evitar el concurso y asegurar la viabilidad de la empresa en el corto y medio plazo.

5.º Que sus créditos no hayan sido tratados de forma paritaria con otros créditos de su clase.

6.º Que la reducción del valor de sus créditos sea manifiestamente mayor al que resulta necesario para garantizar la viabilidad de la empresa. En caso de cesión de créditos, se presumirá que no concurre esta circunstancia cuando el acreedor impugnante haya adquirido el crédito con un descuento superior a la reducción del valor que este padece.

7.º Que el plan no supere la prueba del interés superior de los acreedores.

Se considerará que el plan no supera esta prueba cuando sus créditos se vean perjudicados por el plan de reestructuración en comparación con su situación en caso de liquidación concursal de los bienes del deudor, individualmente o como unidad productiva. A los efectos de comprobar la satisfacción de esta prueba, se comparará el valor de lo que reciban conforme al plan de reestructuración con el valor de lo que pueda razonablemente presumirse que hubiesen recibido en caso de liquidación concursal. Para calcular este último valor, se considerará que el pago de la cuota de liquidación tiene lugar a los dos años de la formalización del plan.

8.º Que el deudor haya incumplido la obligación de encontrarse al corriente en el cumplimiento de sus obligaciones tributarias y frente a la Seguridad Social».

Artículo 655. Impugnación del auto de homologación del plan no aprobado por todas las clases de crédito.

«1. El auto de homologación de un plan de reestructuración que no haya sido aprobado por todas las clases de créditos podrá ser impugnado por los motivos previstos en el artículo anterior por los acreedores que no hayan votado a favor del plan, con independencia de que pertenezcan o no a una clase que haya aprobado dicho plan.

2. El auto de homologación de un plan de reestructuración que no haya sido aprobado por todas las clases de créditos podrá ser impugnado por los titulares de créditos afectados que no hayan votado a favor del plan y pertenezcan a una clase que no lo haya aprobado también por los siguientes motivos:

1.º Que no haya sido aprobado por la clase o clases necesarias de conformidad con lo previsto en la sección 1.ª de este capítulo.

2.º Que una clase de créditos vaya a mantener o recibir, de conformidad con el plan, derechos, acciones o participaciones, con un valor superior al importe de sus créditos.

3.º Que la clase a la que pertenezca el acreedor o los acreedores impugnantes vaya a recibir un trato menos favorable que cualquier otra clase del mismo rango.

4.º Que la clase a la que pertenezca el acreedor o acreedores impugnantes vaya a mantener o recibir derechos, acciones o participaciones con un valor inferior al importe de sus créditos si una clase de rango inferior o los socios van a recibir cualquier pago o conservar cualquier derecho, acción o participación en el deudor en virtud del plan de reestructuración.

5.º En caso de que el plan afecte al crédito público, que el deudor haya incumplido la obligación de encontrarse al corriente en el cumplimiento de sus obligaciones tributarias y frente a la Seguridad Social.

3. Por excepción a lo establecido en el ordinal 4.º del apartado anterior, se podrá confirmar la homologación del plan de reestructuración, aunque no se cumpla esa condición, cuando sea imprescindible para asegurar la viabilidad de la empresa y los créditos de los acreedores afectados no se vean perjudicados injustificadamente».

Artículo 656. Impugnación del auto de homologación del plan no aprobado por los socios.

«1. Cuando los socios de la sociedad deudora no hayan aprobado el plan de reestructuración, podrán impugnar el auto de homologación por cualquiera de los siguientes motivos:

1.º Que el plan no cumpla los requisitos de contenido y de forma que se exigen en el capítulo IV de este título.

2.º Que no haya sido aprobado de conformidad con lo previsto en el capítulo IV de este título.

3.º Que el deudor no se encontrara en estado insolvencia actual o de insolvencia inminente.

4.º Que el plan no ofrezca una perspectiva razonable de evitar el concurso y asegurar la viabilidad de la empresa en el corto y medio plazo.

5.º Que una clase de acreedores afectados vaya a recibir, como consecuencia del cumplimiento del plan, derechos, acciones o participaciones, con un valor superior al importe de sus créditos.

2. En el caso de que la aprobación del plan requiera acuerdo de los socios y estos no lo hayan aprobado, solo aquellos que hayan votado en contra tendrán legitimación para impugnarlo».

Artículo 657. Impugnación de la resolución de contratos.

«Cuando en el auto de homologación del plan de reestructuración se hubiera acordado la resolución de un contrato con obligaciones recíprocas pendientes de cumplimiento, la parte afectada podrá impugnar esa resolución por cualquiera de los siguientes motivos:

1.º Que esa resolución del contrato no resulte necesaria para asegurar el buen fin de la reestructuración y prevenir el concurso.

2.º Que no sea adecuada la indemnización prevista en el plan por la resolución anticipada del contrato».

(3) Por la reforma realizada por la LO 1/2025, de 2 de enero, una vez implantados de forma efectiva los tribunales de instancia (D.T. 1.a), todas las referencias realizadas a los juzgados unipersonales se entenderán realizadas a las secciones del orden jurisdiccional correspondiente de los tribunales de instancia.

  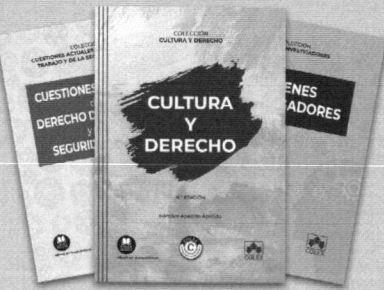